Queijos brasileiros à mesa

com cachaça,
vinho e cerveja

Bruno Cabral & Manoel Beato
(Colaboração de Cassio Piccolo)

Queijos brasileiros à mesa

com cachaça, vinho e cerveja

Editora Senac São Paulo – São Paulo – 2015

Gerente/Publisher: Jeane Passos de Souza (jpassos@sp.senac.br)
Coordenação Editorial/Prospecção: Luís Américo Tousi Botelho (luis.tbotelho@sp.senac.br)
Márcia Cavalheiro Rodrigues de Almeida (mcavalhe@sp.senac.br)
Administrativo: João Almeida Santos (joao.santos@sp.senac.br)
Comercial: Marcos Telmo da Costa (mtcosta@sp.senac.br)

Edição de Texto: Maísa Kawata
Preparação de Texto: Iara Arakaki
Texto e Coordenação de Produção: Guta Chaves
Revisão de Texto: Gabriela Lopes Adami (coord.), Bianca Rocha, Carolina Hidalgo Castelani
Projeto Gráfico, Capa e Editoração Eletrônica: Manuela Ribeiro
Fotografia: Luiz Henrique Mendes
Ilustração: Bruno Mazzilli
Impressão e acabamento: Coan Indústria Gráfica

Dados Internacionais de Catalogação na Publicação (CIP)
(Jeane Passos de Souza – CRB 8ª/6189)

Cabral, Bruno
Queijos brasileiros à mesa com cachaça, vinho e cerveja / Bruno Cabral, Manoel Beato. -- São Paulo: Editora Senac São Paulo, 2015.

Bibliografia.
Glossário.
ISBN 978-85-396-0869-0

1. Culinária (queijos) 2. Culinária (bebidas) 3. Gastronomia: Vinhos 4. Gastronomia: Cachaça 5. Gastronomia: Cerveja 6. Gastronomia: Harmonização de pratos I. Beato, Manoel. II. Título.

15-312s CDD – 641.2
641.373
BISAC CKB100000
CKB096000

Índice para catálogo sistemático:

1. Gastronomia: Bebidas 641.2
2. Gastronomia: Queijos 641.373

Sumário

Nota do editor

Ao falar em harmonização de queijos, a primeira bebida que geralmente nos vem à mente é o vinho tinto. Mas, neste livro, o mestre-queijeiro Bruno Cabral e o sommelier Manoel Beato mostram que há outras boas opções para acompanhar a degustação de queijo.

Um exemplo é a união entre o queijo de casca com mofo branco e a cerveja Strong Scotch Ale, que revela sabores harmoniosos e doces. Outro exemplo é a combinação do queijo curado com a cachaça armazenada em amburana (um ano), parceria que propaga notas de frutas doces e de florais. Esse mesmo queijo também teve uma união feliz com o Pinot Noir, um tinto mais fresco, fora do padrão que se está acostumado nesse tipo de aliança, revelando texturas que se fundem e a sensação de acidez e frescor.

A cada mordida e gole, uma nova descoberta. Neste livro, os autores compartilham essa experiência, apresentam as características de vários queijos brasileiros, cachaças, vinhos e cervejas – com a colaboração do especialista em cerveja Cassio Piccolo – e, ainda, dão dicas sobre as melhores formas de serem servidos.

Publicação do Senac São Paulo, *Queijos brasileiros à mesa com cachaça, vinho e cerveja* mostra não apenas a singularidade de cada harmonização, mas também que cada união resulta em uma poesia de cadência e intensidade distintas.

Prefácio

Tente lembrar-se de como era uma reunião de queijos e vinhos na década de 1980, quando no Brasil ainda predominavam os famosos vinhos da garrafa azul. Naquela época, era incomum pensar em fazer uma festa de queijos e cervejas, por exemplo, tendo em vista que o mercado brasileiro era dominado pelas cervejas conhecidas como Pilsen, consumidas estupidamente geladas e em larga escala. E a cachaça então? Coitada! Ainda estava vivendo o início de sua longa jornada de valorização, sendo considerada um produto de baixa qualidade. Pensar em harmonizar queijos com cachaças? Fora de cogitação.

Já na década de 1990, essa mesma festa tinha outra cara em virtude da abertura econômica do país e da crescente presença de produtos importados nas prateleiras dos supermercados. A disponibilidade de diferentes estilos de produtos e a concorrência também estimularam o aumento de qualidade na produção nacional, e quem ganhou com isso certamente foi o consumidor.

Vale lembrar que o próprio costume de harmonizar alimentos com bebidas, especialmente vinhos, foi também intensificado, no Brasil, por conta dos cursos de sommelier, que surgiram no país em meados da década de 1980 e, naquela época, buscavam formar profissionais para decifrar a gama de vinhos produzidos no mundo a fim de sugerir aos clientes melhores opções para acompanhar sua refeição. Por muito tempo, esse profissional especializou-se apenas em vinhos, e até a regulamentação da profissão no Brasil, em 2011, especifica que sommelier é o profissional que executa o serviço do vinho.

Mas esse contexto mudou bastante! No século XXI, o segmento de bebida apresenta considerável importância para a economia nacional, sem falar que as pessoas estão cada vez mais interessadas em conhecer melhor o que consomem. Essa exigência colocou em evidência o fato de outras bebidas merecerem a mesma atenção que o vinho recebe, e deu oportunidade para o sommelier se especializar nessas outras opções, reforçando a importância de ser um profissional completo. A cachaça finalmente recebeu o devido reconhecimento por sua qualidade, e com a valorização do produto nacional, a bebida genuinamente brasileira está no mesmo patamar de importância que as demais. Ou seja, atualmente, com tamanha diversidade de produtos de qualidade à disposição do cliente, não faz sentido pensar que alguém consuma ou venda somente um tipo de bebida. Dessa forma, compete aos atuais profissionais oferecer ao cliente a bebida que vai enriquecer ainda mais sua experiência, independentemente de qual seja.

Essa reflexão vale também para o "simples" apreciador. Apesar de preferir uma bebida em relação a outra, ao experimentar diversas opções ele poderá descobrir diferentes estilos que podem ter características semelhantes. Por exemplo, o que um vinho tinto produzido com a uva Cabernet Sauvignon, uma cerveja do estilo Strong Scotch Ale e uma cachaça armazenada em carvalho têm em comum? Todas tendem a ser encorpadas e, entre outras características, é claro, de uma maneira simples e direta, são boas opções para harmonizar com carnes vermelhas, cordeiro assado, rabada, ossobuco, javali, cogumelos e alguns queijos, por exemplo.

A ideia deste livro surgiu exatamente para incentivar todos os apaixonados por sabores a ampliarem seus horizontes e desfrutarem da harmonização com uma perspectiva talvez mais ousada, divertida e sem fronteiras. Portanto, nada melhor do que o queijo para compor este desafio, tendo em vista que sua história e suas particularidades são tão intrigantes, deliciosas e complexas como das bebidas. O queijo, a cachaça, a cerveja e o vinho têm história milenar, surgiram mediante fatores como disponibilidade de ingredientes na região, condições climáticas e ambientais, além dos costumes locais. Do mesmo modo, a disseminação e a diversificação desses produtos ao longo dos anos estão relacionadas ao domínio das técnicas de produção, às relações comerciais que proporcionaram e à transmissão de valores e conhecimento.

Todos também têm papel fundamental no relacionamento entre pessoas, fazendo parte da história da humanidade. Diante disso, é natural que estejam presentes à mesma mesa, proporcionando ao apreciador uma deliciosa aventura para explorar as diversas possibilidades de harmonização. É só provar... e ver quais sabores são revelados.

Juliana Reis

Mestre em hospitalidade
e especialista em bebidas

Harmonização

União ou separação?

A união ideal é representada pelo encontro de pessoas diferentes, em que uma traz para a outra o equilíbrio e a possibilidade de crescimento. Transferindo essa imagem para o mundo das combinações entre queijos e bebidas à mesa – no caso, cachaça, vinho e cerveja –, o "casal" deve ser equivalente em qualidade e intensidade aromática. Precisam se intercalar semelhanças e contraposições, de maneira a favorecer ambos.

No que diz respeito à estrutura, existem dois tipos de harmonização: por semelhança ou fusão – quando certo caramelo da bebida se alia à doçura de um queijo –, ou por contraste – quando a acidez ameniza um pouco o sal e a gordura do queijo.

Correção construtiva

Muitas vezes, usamos as palavras "amenizar" ou "abrandar" em compatibilizações, no sentido de correção construtiva, para que haja uma boa união. O resultado ideal é que se suavizem os extremos, sem que um ofusque a personalidade do outro, mas que, ao contrário, enfatizem as melhores características de cada um.

Nas degustações realizadas para este livro, escolhemos, para combinar com as oito categorias de queijo, cinco tipos de cachaça e seis de vinho e cerveja, chegando a deduções importantes. Algumas comprovaram regras já fundamentadas, como: a acidez do queijo deve se unir a uma bebida igualmente ácida – o contrário, uma bebida redonda, "mata" esse frescor. Do mesmo modo, o aspecto frutado do queijo pede poder aromático equivalente ao da bebida.

Notamos algumas adequações agradáveis, mas que não se demonstram propriamente como inter-relações ao pé da letra. Um exemplo é o queijo defumado, que, ao se associar ao líquido, empresta a ele o mesmo caráter, transformando-o em uma espécie de bebida composta, aquela em que se adiciona uma infusão de essências durante sua fabricação. Não é à toa que os queijos temperados foram os que se mostraram mais difíceis de serem harmonizados.

Realmente não é uma tarefa fácil juntar bebida e queijo, pois este reúne, muitas vezes, características complexas: sabor intenso e forte, elevada gordura, alta acidez, muito sal e, no caso dos queijos de

massa filada, por exemplo, textura que "cola" na boca. Verdadeira aventura para qualquer bebida!

Ao contrário do que reza a convenção – é tão comum se falar em reuniões de "queijos e vinhos", principalmente no inverno – e apesar de no contexto geral o vinho ter sido mais companheiro do queijo, é preciso escolher bem, pois a verdade é que esse diálogo não é fácil, como já sentenciou a especialista Joanna Simon, em seu livro *Vinho e comida: um guia básico e contemporâneo das melhores combinações de vinho e comida*.

O mito do bom entendimento entre queijos e vinhos se instalou por conta das bem-aventuradas parcerias de Porto com queijo Stilton e do doce Sauternes com Roquefort.

Outra crença é de que o tinto é o melhor vinho com queijo. Efetivamente, é o que menos se adapta. Em alguns casos, a mistura pode até ser gostosa, mas, dentro da experiência que tivemos, não emocionou. O tinto fica temperando e ajudando o queijo, o que pode ser bom para este, mas a bebida perde em sabor e muda sua textura.

Buscando melhor resultado, procuramos escolher tintos mais densos, que representassem outros vinhos bem alcoólicos e "cheios", e, ao mesmo tempo, intensos de aroma, com fruta madura.

Quando se combina queijo e cerveja é importante saber que o amargor está sempre presente, o que pode não ser desagradável para algumas pessoas. Sobra amargor tanto no enlace de cervejas encorpadas com queijos mais leves quanto no de queijos intensos com cervejas leves. O amargor diminui quando há maior teor alcoólico, pois aumenta proporcionalmente a sensação de doçura e cremosidade. Por outro lado, a cerveja confere vivacidade.

A nossa brasileiríssima cachaça também reservou seu lugar nessa aliança. Nesse caso, a gordura e a acidez do queijo precisam fazer frente ao brilho alcoólico da bebida.

Desse sincretismo entre cachaça e queijo surgem sabores mais corpulentos, menos refrescantes, de frutas mais adocicadas, como manga e pêssego.

Em uma escala de potência, primeiro estão as cachaças armazenadas em bálsamo, com presença de anis e gengibre; depois, as amadurecidas em carvalho, com gosto de caramelo e toque de baunilha, delicado aroma floral, húmus (terra) e notas de cascas de laranja; na sequência, as conservadas em amburana, mais perfumadas, cremosas, com traço floral; e, por último, as "branquinhas", mais diretas.

Observamos que as armazenadas em madeira, aromaticamente mais vigorosas e com buquê "doce", passam por cima dos queijos mais frescos, com pouco perfume. As brancas, mais frescas e com sensação adocicada, ligam-se a queijos untuosos.

Queijos defumados combinam com cachaças armazenadas em carvalho, mas viram bebidas compostas.

Notamos também que a cachaça, por sua potência, pede menores quantidades e, portanto, não seria própria para uma reunião com muitos queijos. É mais adequada para petiscar ou como um digestivo para acompanhar os queijos em uma refeição, antes da sobremesa.

Grandes coringas

Os queijos de casca com mofo, estilo Brie, deram-se bem com boa parte das bebidas, e o meia cura mineiro mostrou-se, inclusive, propício à união com cachaças, revelando uma parceria bem nacional. Ela aplacou até a intensidade da cachaça armazenada em bálsamo, estilo Salinas, de Minas Gerais.

Entre as cachaças, a armazenada em carvalho com toque bem marcante, com sua potência, foi a que se deu melhor com os queijos.

A cerveja estilo Strong Scotch Ale, mais adocicada e estruturada, com seu toque de caramelo, combinou até com os queijos frescos, conferindo um sabor tostado.

Nessa grande e agradável aventura de provar queijos com vinhos, cervejas e cachaças para este livro, tivemos algumas comprovações e boas surpresas.

No entanto, é bom ressaltar que não estamos propondo um livro definitivo de concordâncias, mas, sim, um que apresente escolhas interessantes e saborosas; algumas delas devem agradar ao seu paladar.

A partir daí, você também pode arriscar em suas harmonizações. Lembre-se de que, como em qualquer união, o ponto de partida é respeitar as características tanto dos queijos como das bebidas. Há uma gama extensa de probabilidades para diferentes bebidas com os mais variados queijos, mas é fundamental que desse encontro surjam novos sabores que se desdobrem, se multipliquem.

As notas

Para facilitar o entendimento sobre o grau de compatibilidade entre os queijos e as bebidas provadas, definimos uma escala de 0 a 10, considerando que até 4 não beira o razoável e, por isso, nem destacamos. Entre 5 e 6 já temos algo razoável, que não faz feio; 7 e 8 são boas opções; e 9 e 10 são excelentes pedidas para compor uma mesa.

A degustação

frescos

Entre os queijos frescos são destacáveis o Minas Frescal*, de Minas Gerais, e os nordestinos Coalho e Manteiga, este conhecido também como Requeijão do Norte. Merece menção, ainda, o queijo Marajó, de leite de búfala, produzido na Ilha de Marajó, no Pará.

Os queijos frescos apresentam pouca intensidade, sendo, na maioria, produzidos de leite pasteurizado, com aromas lácteos e fermentados. Não são os mais adequados para uma mesa de queijos e bebidas; observamos apenas dois bons diálogos durante as degustações.

Com cachaças mais amadurecidas, ocorre uma incompatibilidade de gêneros: a bebida, muito corpulenta, potente e aromática, passa por cima do queijo, suave, quase sem odor. Mas, em relação à popular "branquinha", mesmo não sendo ideal e a cachaça dominando, o queijo alivia um pouco a ardência da bebida, deixando uma sensação adocicada.

Com boa parte dos vinhos degustados, os queijos frescos acabam se ofuscando, por serem leves demais.

Associados às cervejas, geralmente sobra muito amargor e as bebidas mais potentes chegam a "atropelá-los". Apesar de não se efetivar uma combinação, a variedade Strong Scotch Ale confere um toque caramelado agradável ao queijo, e este imprime um aspecto lácteo à cerveja.

Queijo Minas Frescal de cabra.

*O Minas Frescal é a adaptação industrial, feita com leite pasteurizado, do original queijo Minas, o qual é produzido artesanalmente nas regiões delimitadas de Minas Gerais a partir de leite cru.

Uniões felizes

Com vinho

Casta branca Riesling

Combinou especialmente com o queijo Marajó. No começo, o vinho até domina um pouco, mas, em seguida, o queijo realça suas características. A união transmite frescor, e a acidez do vinho quebra um pouco o sal do queijo.

Avaliação: 9.

Com cerveja

Oktoberfest/Märzen

Ambos têm grau de intensidade baixa, sendo o queijo ainda mais leve. Ocorre uma interação de acidez e frescor. Interessante também em termos de textura. Sobra um pouquinho de amargor por parte da cerveja, mas nada muito relevante.

Avaliação: 6.

massa filada

No Brasil, o queijo Muçarela tem muitas variações com relação aos padrões de fabricação. Produzidos com leite de búfala ou vaca, os melhores exemplares não têm crosta, possuem coloração esbranquiçada, cheiro suave e são levemente salgados.

Por conta de sua textura compacta e seu sabor ligeiramente ácido, a parceria com bebidas é bem complicada. Já houve até simpósio na Itália para decidir o que combina, e parece que não se chegou a nenhum consenso. Isso porque a Muçarela "cola" na boca e cria uma capa protetora que costuma neutralizar a bebida. Apesar disso, conseguimos destacar algumas combinações favoráveis com vinhos.

Muçarela de búfala.

Uniões felizes

Com vinho

Espumante seco (brut)

Boa união de sabores entre espumante e queijo. No final, as borbulhas fazem o papel de "limpar" a boca.

Avaliação: 7.

Casta branca Riesling

O queijo Muçarela se sobressai, mas a acidez do vinho é intensificada com essa união, o que ajuda a neutralizar a boca.

Avaliação: 5.

Casta tinta Pinot Noir

Sobra um pouco de amargor e o vinho prevalece nos aromas de boca, mas a sensação geral é agradável.

Avaliação: 5.

casca com mofo branco

Em matéria de união, os queijos nacionais de pasta mole e casca com mofo branco se mostraram os próprios "arrozes de festa". Provamos dois: um produzido com leite de cabra e outro, com leite de vaca. Ambos são levemente ácidos, com aromas de frutas e nozes, lembrando um pouco o Brie francês.

O queijo de casca com mofo branco combinou com quase todas as bebidas saboreadas. Ocorreram apenas algumas, digamos, separações. Foi o caso da casta tinta Nero d'Avola, em que, sendo mais potente, o vinho se sobressai ao queijo e este prejudica aromaticamente a bebida.

Amargor excessivo foi uma das divergências das cervejas estilo Oktoberfest/Märzen, denunciado pela leveza da cerveja em contraste com a potente casca do queijo. A cremosidade do queijo apaga a cerveja.

Algumas cachaças amadurecidas são muito predominantes, como as armazenadas em tonel de carvalho. Mesmo que a gordura e o mofo do queijo permaneçam um pouco após a compatibilização, só são interessantes em termos de textura.

Sobra muita cachaça para pouco queijo com as armazenadas em bálsamo, estilo Salinas, mas não chega a ser desagradável.

As não armazenadas (prata) também não deram muito certo. Mesmo assim, essa aproximação teve alguns predicados: ambos mostram texturas consistentes, uma fusão de untuosidades. Acentua-se um "mofo do bem" na casca, salientando um cogumelo.

Tomme.

Uniões felizes

Com cachaça

Armazenada em amburana

Sensação agradável, mas falta graça e frescor na combinação. O ponto positivo é que os dois são bem cremosos, aparece o gosto da casca dos cogumelos ao lado do sabor doce da madeira, em uma consonância agridoce com perfume floral.

Avaliação: 5.

Armazenada em carvalho (toque marcante)

Não é uma combinação ruim, mas é tediosa, porque o amadurecimento em madeira não confere frescor. Mistura-se a gordura do queijo com a complexidade de aromas doces. Uma virtude é que um não se sobressai ao outro, ficam equilibrados.

Avaliação: 5.

Com vinho

Casta branca Riesling

As intensidades são parecidas: nota-se o cheiro de húmus (terra) e mineral. Agradável pacto entre acidez e cogumelo. Revela-se liga prazerosa de acidez com acidez, conferindo frescor.

Avaliação: 8.

Espumante seco (brut)

Ótimo enlace de sabores, mesmo que prevaleça o queijo, que está um ponto à frente em intensidade. Pode ficar melhor ainda com um champanhe ou cava safrados, com mais de três anos de amadurecimento.

Avaliação: 8.

Casta tinta Pinot Noir

Surpresa pela boa concordância no paladar. Texturas se fundem e, ao mesmo tempo, percebe-se leve acidez e frescor. Surge um terceiro sabor.

Avaliação: 8.

Porto (fortificado)

Apesar de o vinho ser bem mais potente e alcoólico, o queijo deixa uns sabores lácteos que são interessantes nessa parceria. Esse vinho poderia ir bem em uma tábua de queijos.

Avaliação: 6.

Madeira Boal

O vinho predomina, mas a associação dos dois é muito agradável. Ambos têm "gordura", e o vinho atribui frescor a esse acordo. O sabor lácteo aparece com suaves aromas de doce de leite. É divertido, gostoso.

Avaliação: 5.

Com cerveja

Belgian Strong Golden Ale

Essa fusão mostra uma junção de texturas e uma intensidade aromática que são interessantes. Pelo fato de essa cerveja ter um teor alcoólico maior, sua sensação de doçura e cremosidade aumenta, deixando apenas um amargor sutil no final.

Avaliação: 8.

Belgian Blond Ale

Apresenta muito mais estrutura, mas sobra amargor. Por outro lado, intensidade e consistência são equivalentes.

Avallação: 5.

Trapista

Ambos se equiparam em potência, estrutura e sabor, apesar de crescer o amargor.

Avaliação: 5.

Strong Scotch Ale

O sabor tostado dessa cerveja foi muito bem com esse queijo, lembrando um caramelo no final. Resultado doce, harmonioso, agradável, sem amargor.

Avaliação: 8.

American Pale Ale

O enlace floral suaviza um pouco o amargor característico dessa cerveja, que acaba vindo mais no fim de boca. Aparece um frescor.

Avaliação: 6.

casca lavada

Dominante, quando maduro, o queijo de casca lavada é bastante gorduroso, salgado, com forte aroma de "estábulo" e toque de nozes. Possui pasta amarelo-creme, textura fina e lisa.

Normalmente não é consumido puro, mas com frutas – como pera – e pão. Para se unir a ele, a bebida precisa ter aspecto frutado, certa doçura, acidez e caráter amaciador, assumindo a função de abrandá-lo. E, principalmente, ser tão forte quanto ele.

Apesar da vivacidade alcoólica da cachaça, o queijo passa por cima da armazenada em carvalho com toque sutil da madeira. Cada um cai para um lado, no caso da armazenada em bálsamo, estilo Salinas; ambos são fortes, mas o queijo tem sal, e a cachaça, forte aroma de anis e ardência.

A intensidade do queijo de casca lavada atropela o espumante seco (brut) e o vinho branco Riesling. Mesmo com poder de doçura, boa acidez e caráter nervoso, o Madeira Boal, um dos vinhos mais robustos, não abranda totalmente a potência aromática do queijo.

Com relação às cervejas, o amargor acaba sobrando, até com a encorpada Belgian Strong Golden Ale. E não há a mínima chance de diálogo se a bebida for mais leve que o queijo, como a Oktoberfest/Märzen.

Pont-l'Évêque.

Uniões felizes

Com cachaça

Armazenada em amburana

Cachaça intensamente perfumada, que dá um traço floral para os sabores de "estábulo" do queijo. Combinação interessante e feliz.

Avaliação: 7.

Armazenada em carvalho (toque marcante)

Equilíbrio de extremos: aroma forte (queijo) e cremosidade (cachaça). Combinam bem em termos de estilo de sabores, proporcionando uma sensação de roça, de fazenda.

Avaliação: 7.

Prata (não armazenada)

O vigor alcoólico desse tipo de bebida criou um contraste interessante; dessa união surgiu um novo sabor. Ambos se equivalem em força.

Avaliação: 5.

Com vinho

Casta tinta Nero d'Avola

O animal* do queijo se ressalta. O vinho perde, mas acontece uma explosão interessante. É prazeroso, apesar de ser uma união de concessões por parte do vinho, que tem sua essência distorcida. Sobra certo amargor na boca.

Avaliação: 5.

Casta tinta Pinot Noir

A combinação inicial é boa, mas prevalece o poder aromático do queijo.

Avaliação: 5.

Porto (fortificado)

O vinho traz uma doçura e um pouco de fruta, que suaviza a dominância do queijo. Porém, falta um pouco de acidez e corpo para que a bebida desempenhe um papel melhor. No final, fica um pouco enjoativo e sobra o aroma de curral do queijo.

Avaliação: 5.

*Os termos destacados são explicados no glossário.

Com cerveja

Trapista

Aqui, cerveja e queijo têm equivalência em força. O amargor é inevitável no ataque em boca. Mas vem depois uma sensação de caramelo agradável, interessante e que contrabalanceia o sabor de curral e o sal.

Avaliação: 7.

Strong Scotch Ale

Para se adequar à gordura desse queijo só mesmo uma cerveja como essa, com um pouco mais de potência. Mas ainda sobra queijo. Agradável sabor tostado no final.

Avaliação: 7.

Belgian Blond Ale

Essa cerveja tem muito mais estrutura, porém, em contrapartida, amargor maior. A primeira impressão é boa, mas a cerveja não segura totalmente a gordura e o poder aromático do queijo.

Avaliação: 5.

meia cura

Verdadeiros legados nacionais, esses queijos, produzidos em várias regiões, são feitos de leite cru de vaca e apresentam casca rígida, amarelada e fina, bom teor de gordura, aroma lácteo suave e boa acidez. Ficaram famosos, no Brasil, pelo queijo Minas, mas existem outras variedades, como o Colonial e o Serrano.

Impressionou a maneira sorrateira como os queijos semicurados mineiros entraram em entendimento com várias das bebidas propostas. Mesmo com aquelas em que a combinação não foi tão boa, a união beirou o razoável.

Todas as cachaças formaram uma boa parceria com o queijo meia cura, inclusive as mineiras, o que comprova a compatibilidade regional.

Mesmo não sendo uma combinação desagradável, o meia cura não se deu muito bem com o vinho branco Riesling, por exemplo, pois este se sobressai um pouco, desfavorecendo o queijo. E, embora refresque a estrutura do meia cura, o espumante seco, apresentando pouco teor de açúcar em contraste à gordura do queijo, faz o amargor aparecer. Com o tinto Nero d'Avola, os taninos se ressaltam, fazendo surgir um amargor e ressecando a boca, o que desfavorece os atributos de ambos.

Quanto às cervejas, só a Belgian Strong Golden Ale não se mostrou razoável: a primeira sensação na boca é de certa cremosidade, mas, em seguida, sente-se que a cerveja realça o amargor do queijo.

Serrano.

Uniões felizes

Com cachaça

Armazenada em carvalho (toque sutil)

Houve equivalência de forças, muito importante na harmonização. Ambos podem se expressar: surge um pouco de caramelo e doce de leite da madeira, em acordo com o lácteo do queijo.

Avaliação: 7.

Armazenada em carvalho (toque marcante)

Boa interação de sabores, desvendando aromas minerais, amadeirados e de terra. O lácteo do queijo suaviza a cachaça; por outro lado, esta desempenha a função de pão para esse queijo, que sozinho pode ficar forte no palato.

Avaliação: 7.

Armazenada em amburana

Sozinha, essa cachaça é muito forte, mas, nessa junção, seu perfume não fica dominante. Aparecem gostos minerais, salinos e florais.

Avaliação: 6.

Armazenada em bálsamo, estilo Salinas

A gordura e a acidez do queijo fizeram frente ao álcool dessa cachaça. O aroma de anis se agrega completamente ao meia cura. No fim de boca fresco, fica o lácteo do queijo e as ervas da cachaça.

Avaliação: 6.

Prata (não armazenada)

A cachaça é mais forte e intensa do que o queijo, sobrando ardência; porém, o ataque de fim de boca é interessante, revela cremosidade e sutil amargor do queijo, que não chega a ser desagradável.

Avaliação: 5.

Com vinho

Porto (fortificado)

Surpresa: trata-se de uma ótima combinação. É o encontro de duas suavidades, em que o queijo cremoso, mas não gorduroso, e a textura untuosa do vinho se fundem. A acidez de ambos se neutraliza.

Avaliação: 8.

Casta tinta Pinot Noir

Intensidades iguais que resultam em frescor final.

Avaliação: 7.

Madeira Boal

O queijo não esconde as qualidades do vinho, e este mantém seu sabor. Boa conciliação em acidez, sem conflito.

Avaliação: 7.

Com cerveja

Oktoberfest/Märzen

Aqui estão dois ingredientes conhecidos do paladar brasileiro: o queijo Minas e a cerveja clara e gelada de sempre. Esta tem o papel de conferir frescor, equilibrando a massa seca e salgada do meia cura. Apesar de o queijo ser mais potente, resulta em uma fácil e boa combinação de boteco.

Avaliação: 6.

Belgian Blond Ale

Como essa bebida apresenta mais estrutura, ocorre certo equilíbrio de forças entre cerveja e queijo, apesar de este predominar. Sobra um pouco de amargor.

Avaliação: 5.

Trapista

Vem um amargor no ataque, mas chega a ser até refrescante e agradável. Sobra um pouco de acidez. Sem fazer feio, dá para chamar os amigos e lhes servir essa dupla.

Avaliação: 5.

Strong Scotch Ale

O adocicado e o tostado dessa cerveja produzem uma agradável correção de amargor no queijo.

Avaliação: 5.

curados

Queijos de pasta prensada e cozida, suas características aromáticas podem mudar de acordo com o tipo de leite usado e o *terroir* – assim como os demais estilos de queijo produzidos de maneira artesanal. Para a degustação, usamos o queijo curado produzido com leite cru de ovelha, feito na região Sul, em Santa Catarina.

Trata-se de queijos que, quando jovens, são suaves e untuosos em boca, e ao amadurecer adquirem caráter picante, intenso e levemente salgado, com aromas de frutas e de ácido lácteo fresco prevalecendo sobre o açúcar – é o caso do exemplar escolhido, com doze meses de maturação. Seu estilo lembrou o conhecido queijo Pecorino envelhecido ou Parmigiano Reggiano.

O queijo curado apresentou boa harmonização com a maior parte das bebidas, só ficando um pouco tedioso ao se aliar à cerveja Strong Scotch Ale, por ambos apresentarem sabor adocicado. Conferiu um fim de boca desagradável com a cerveja Oktoberfest/Märzen, dando uma sensação metálica. Fica a cerveja de um lado, e o queijo, do outro.

Com seus aromas amanteigados, de frutos secos e nozes, o queijo curado não apresentou estrutura para segurar a cachaça armazenada em bálsamo, estilo Salinas, pois ela é muito "cheguei", alcoólica, possui forte sabor mentolado, de anis e aromas herbáceos pungentes.

Gruy.

Uniões felizes

Com cachaça

Armazenada em amburana

Combinação de alto nível, não sobra cachaça de jeito nenhum; um não se sobressai ao outro. Explodem, na harmonização, sais minerais, frutas doces, como pêssego e manga, e florais, com percepção de vivacidade.

Avaliação: 8.

Prata (não armazenada)

Evidencia uma picância no final, mas sem queimação, tornando-se uma união interessantíssima. Revela outros sabores, aflorando um adocicado gostoso, de frutas secas. Ambos, cachaça e queijo, confirmam presença.

Avaliação: 7.

Armazenada em carvalho (toque marcante)

Ressaltam-se as qualidades de ambos: o lácteo do queijo suaviza um pouco a ardência da cachaça, apesar de aparecer uma leve picância no final. Fica um queijo com um pouco mais de tempero, salientando um sabor frutado, sem ser cansativo.

Avaliação: 6.

Armazenada em carvalho (toque sutil)

Aromas lácteos se revelam com a cachaça, mas na agregação o queijo se torna mais picante. Os dois têm forças equivalentes, mostrando sabores interessantes, como de alcaçuz, e revelando a gordura, embora, em certo momento, a união se torne cansativa.

Avaliação: 5.

Dupla mineira

Ficamos tão intrigados com o fato de a cachaça armazenada em bálsamo, estilo Salinas, ter se dado tão bem com o meia cura mineiro e não se adequar ao curado de ovelha, de Santa Catarina, teoricamente mais "forte", que resolvemos fazer um teste. Degustamos o curado de Minas Gerais e confirmamos que ele aguenta mais que o meia cura, chegando a melhorar a cachaça. É possível perceber que intensidade de sabor e gordura falam de igual para igual. O que demonstra que são curados muito diferentes – o catarinense é mais lácteo; já o mineiro, mais ácido – e que as compatibilizações regionais – queijo mineiro com cachaça mineira – podem dar certo.

Com vinho

Espumante seco (brut)

Criou uma composição diferente: apesar de o curado se sobressair em intensidade, a borbulha do espumante amortece a picância do queijo, equilibrando-a. Um compensa o outro.

Avaliação: 7.

Casta tinta Pinot Noir

A picância do queijo é abrandada pelo vinho, porém o queijo ainda é mais potente e se sobressai.

Avaliação: 6.

Casta tinta Nero d'Avola

Eles se encaram e surge um gosto de doce de leite interessante. É agradável, mas não emociona, e o vinho perde em sabor.

Avaliação: 6.

Porto (fortificado)

É uma combinação, digamos, "plana". Eles se equilibram pelo doce, sensação que também suaviza o picante do queijo; porém, para este falta acidez, e o vinho acaba por prevalecer.

Avaliação: 6.

Casta branca Riesling

A acidez do vinho se eleva, desfavorecendo um pouco esse queijo muito potente e picante.

Avaliação: 5.

Madeira Boal

O vinho ganha nesse embate e deixa uma acidez engraçada, que se nota na língua.

Avaliação: 5.

Com cerveja

Belgian Blond Ale

A aliança equilibra o amargor da cerveja e surge um terceiro sabor, lembrando húmus, certo "mofo do bem".

Avaliação: 7.

Belgian Strong Golden Ale

Não aparece o amargor. Ambos interagem com força equivalente, e a cerveja refresca o queijo, englobando a gordura.

Avaliação: 7.

Trapista

Além do lácteo, manifesta-se uma cremosidade interessante. O queijo, mais estruturado que a cerveja, prevalece, e pouco amargor é sentido.

Avaliação: 6.

temperados

Queijo de cabra fresco

Os queijos de cabra frescos temperados com ervas são feitos de coalhada ácida. Nessa linha, provamos os de cabra nacionais, estilo Boursin.

Manifestando acidez alta por conta do tipo de fermentação, o queijo de cabra fresco apresenta difícil conformidade com a maior parte das bebidas. Há mais um agravante: o tempero acaba muitas vezes mudando o aroma, fazendo sobrar um gosto de ervas e especiarias na junção com bebidas mais encorpadas. Torna-se mais complicado ainda se tiver alecrim, que é muito dominante. Por todos esses fatores, o Boursin é mais propício para compor saladas.

O queijo até mostra boa compatibilidade de texturas com o espumante seco (brut), só que as ervas desfavorecem a aliança.

Em combinação com a cerveja Belgian Blond Ale, os dois aparecem, mas de maneira insólita: a junção realça o amargor de um e a acidez de outro, que, mesmo não chegando a ser totalmente desagradável, grita. Muito embora tenham corpos equivalentes, a ligação com a Oktoberfest/Märzen dá uma sensação de adstringência, ressecando a boca. No final, fica sem gosto.

Queijo e vinho se rivalizam com a casta tinta Nero d'Avola: a acidez do Boursin deixa o vinho "nervoso", e as ervas conferem, na bebida, um gosto de Retsina (vinho grego que apresenta em sua composição a resina de um pinheiro). Com o Madeira Boal se realça demasiadamente a acidez, conferindo uma sensação de aspereza no final. Já o Porto é muito denso para um queijo muito fresco.

Cerveja encorpada, a Trapista perde em estrutura e aroma; a elevada acidez desse queijo dilui a bebida. No caso da Belgian Strong Golden Ale, mesmo sendo encorpada e o queijo leve, este domina, mudando o aroma da cerveja, sobrando o gosto das ervas. Com a American Pale Ale, não combina nem um pouco, é muito amargor.

As especiarias, muito fortes, criam conflito com a cachaça prata (não armazenada). Quanto à cachaça armazenada em carvalho (toque sutil) e à armazenada em amburana, sobram as ervas, e a cachaça vira uma bebida composta, ou seja, a ela é acrescentada uma infusão, o que descaracteriza a união.

Boursin.

Uniões felizes

Com cachaça

Armazenada em bálsamo, estilo Salinas

A cremosidade do queijo amenizou o ardor excessivo da cachaça, que ressaltou o vegetal do Boursin. A característica herbal dessa cachaça tão aromática combinou bem com as especiarias do queijo. A melhor associação do Boursin com cachaça.

Avaliação: 6.

Armazenada em carvalho (toque marcante)

Essa cachaça conseguiu combinar até com o Boursin! Por conta da potência da madeira, aqui as ervas se tornam realmente finas. A madeira e a erva aparecem, sem que uma se sobreponha à outra. A textura cremosa do Boursin entremeia a untuosidade da cachaça.

Avaliação: 5.

Com vinho

Casta branca Riesling

A acidez e a untuosidade do queijo e do vinho são equivalentes. O vinho tem intensidade aromática para segurar as especiarias, como o alecrim, e também a cremosidade do queijo.

Avaliação: 7.

Casta tinta Pinot Noir

A predominância do alecrim prejudica a compatibilização.

Avaliação: 5.

Com cerveja

Strong Scotch Ale

Resultou em um bom contraste agridoce entre a acidez elevada e o sabor lácteo do queijo com o toque caramelado da cerveja.

Avaliação: 5.

massa filada e defumados

Com destaque para a produção artesanal de Minas Gerais, o queijo Cabacinha defumado possui sabor semelhante ao tipo Provolone. A diferença está na preparação: para a produção do Cabacinha se utiliza um leite mais gordo (cru).

A degustação mostrou que tanto o Cabacinha defumado quanto o Provolone se dão bem com as cachaças amadurecidas em carvalho. No entanto, são muito potentes para vinhos brancos como Riesling e espumantes secos. Além disso, batem de frente com tintos.

Os queijos fazem a cerveja Oktoberfest/Märzen parecer uma *Rauchbier* (cerveja defumada), sendo até saborosos, mas não representam uma combinação perfeita. Algo semelhante ao ocorrido com a aguardente prata (não armazenada): além da textura da massa filada destoar, o Provolone acrescentou sabor defumado à cachaça, semelhante à bebida mexicana *mezcal*. Pelo aspecto curioso, essas agregações podem ser uma opção a ser provada na descontração do boteco.

A mistura do defumado do queijo com a cerveja estilo Strong Scotch Ale, mais adocicada e mais tostada, criou uma sensação mais doce, um pouco cansativa, mas não é desagradável.

Sabores que não se juntam são o doce e o perfumado da cachaça armazenada em amburana com o defumado do queijo. De qualquer forma, não chega a ser desagradável.

Cabacinha.

Queijos

Produção

definição

Fresco ou curado, o queijo é um alimento universal, produzido em quase todo o mundo a partir do leite de diferentes espécies de mamíferos. É fonte de prazer e um dos melhores alimentos para o ser humano, não só pelo valor nutritivo, mas também por suas qualidades organolépticas.

Múltiplos fatores influenciaram a incrível diversidade de queijos existente, começando pelo fato de que há diferentes espécies e raças de gado que resultam em modificações na natureza e na composição do leite, as quais, por sua vez, refletem nas propriedades do queijo.

Contribuem também para essa pluralidade as várias maneiras de realizar as diferentes fases de elaboração, os fatores ambientais, como clima e geografia, bem como a fabricação a partir de leite cru ou leite pasteurizado, entre outras condições que veremos ao longo deste capítulo.

Leite do bom

Evidentemente, o bom leite é a base essencial para um bom queijo. Pode-se considerar o leite como uma emulsão, de matéria gordurosa em solução aquosa, que contém numerosos elementos, uns em dissolução, como água, sais minerais, açúcar e vitaminas, e outros em suspensão, caso das gorduras e das proteínas. Sua composição, cor, sabor ou mesmo estrutura química variam de acordo com a alimentação do gado, sua espécie (vaca, búfala, cabra, ovelha, etc.) e a raça (no caso de vaca pode ser, por exemplo, Jersey, Nelore, Holandesa, entre outras). Geralmente, raças muito produtoras não são de boa qualidade leiteira.

tipos

Queijo de leite cru

A fabricação de queijo a partir de leite cru geralmente é feita por artesãos queijeiros, em pequenas granjas com gado próprio, com produção limitada, muitas vezes longe de grandes núcleos urbanos.

O queijo de leite cru é a máxima expressão gustativa do *terroir*, já que todas as riquezas deste lhe são fielmente transmitidas. Ao contrário de algumas ideias já muito difundidas, o leite cru não é prejudicial à saúde se for obtido seguindo regras de higiene e manutenção da sanidade do rebanho, e mediante análises periódicas.

Queijo pasteurizado

Atualmente, a pasteurização é a técnica mais difundida para a fabricação de queijo. Ao contrário do processo artesanal, em que se identifica a origem do produto, nesse caso o leite é recolhido em grande escala de vários produtores e provém de diferentes regiões para satisfazer a demanda. Existem alguns casos no Brasil de pequenos produtores que produzem leite próprio e poderiam fazer queijo com leite cru, porém, para se adequarem à legislação, optam por pasteurizar o leite e sair da clandestinidade.

O leite é armazenado em grandes tanques frigoríficos e, antes de ser processado – para evitar qualquer risco sanitário –, é pasteurizado, ou seja, passa por um tratamento térmico à temperatura média de 70 °C, inferior ao ponto de ebulição, durante um tempo determinado, e, logo após, é rapidamente resfriado a cerca de 4 °C.

A técnica destrói o conjunto da flora microbiana ativa, o que inclui microrganismos patogênicos específicos, só se desenvolvendo as bactérias do ácido lácteo desejado. Por isso, na produção industrial, é necessário adicionar "vida artificial" ao leite, como cloreto cálcico, porque o cálcio natural do leite, necessário para dar maior firmeza mecânica à coalhada, fica insolúvel ao se esquentar. Pode-se ainda acrescentar fermento lácteo, que atuará como agente do sabor e ajudará no processo de fermentação durante a coagulação do leite e de acidificação no decorrer do período de maturação.

Trata-se de um procedimento que prejudica a flora láctea, bactérias essenciais do queijo para o desenvolvimento, e que dão o gosto característico da sua região. Hoje em dia quase ninguém mais conhece o sabor do leite fresco e recém-ordenhado.

A pasteurização, a esterilização e as modernas técnicas de refrigeração permitiram o aumento da produção de queijo. Não dá para negar que a grande indústria láctea faz os alimentos chegarem até aos cantos mais isolados do mundo. Mas não podemos deixar de destacar que esse processo vem prejudicando a indústria artesanal, que é a grande responsável pela criação de novos queijos e manutenção de tradições milenares.

Vitaminas e sais minerais

Muitos nutrientes são encontrados em maior quantidade no queijo do que no leite, como proteínas lácteas de alta qualidade, vitaminas vitais (A, D, E e K), gorduras digeríveis, valiosos minerais e boa quantidade de albuminas e cálcio. E este é ainda mais presente em queijos de pasta dura, pelo simples fato de ser utilizado mais leite em sua produção. Os queijos também concentram mais minerais e proteínas e contêm menor teor de gordura e de lactose.

elaboração

O queijo é o resultado mais saboroso de um método de solidificação e conservação do leite. Para produzi-lo, são separados os componentes sólidos (proteínas, gorduras, lactose, vitaminas e minerais) dos líquidos – o soro. O processo é realizado através da acidificação e coagulação, de maneira que a proteína do leite, a caseína, se condense de forma natural graças às bactérias do ácido lácteo ou pela incorporação de uma enzima vegetal, animal ou química – o coalho. O tipo de bactéria usada e a forma de processar a coalhada influenciam decisivamente na textura e no sabor dos queijos.

O tipo de acidificação determina as classes de queijos obtidas a partir do leite coalhado. A caseína se transforma em uma massa ou pasta de aspecto gelatinoso que, cortada (quebrada), se divide em uma espécie de "grãos" de coalhada utilizados para separar o soro do leite.

coagulação enzimática

A maioria dos queijos tem como base o método de coagulação enzimática. Sendo o mais usado, seu processo se inicia, como todas as demais elaborações, com a obtenção de leite de qualidade. Para coagular o leite, é utilizada uma enzima, o coalho. São exemplos de produtos desse método o queijo Minas artesanal, o Muçarela e alguns queijos duros, como o Colonial.

coagulação ácida

Os queijos de coalhada ácida (ou coagulação láctea) são elaborados a partir da acidificação do leite realizada por meio de bactérias de ácido lácteo naturais do leite. Uma vez escorrido o soro, fica o requeijão de leite ácido, que é matéria-prima para a elaboração do queijo fresco (o qual também pode se espessar com um pouco de coalho), geralmente de leite de cabra. Essa massa pode ser consumida fresca ou um pouco curada. Um exemplo é o Boursin.

coagulação mista

Nesse método, o leite passa por uma acidificação curta e, posteriormente, é adicionada uma quantidade inferior da enzima, o coalho, para que a textura continue macia, umedecida. A coalhada não é cortada (quebrada) e assim sua massa sólida acaba por reter muita umidade, soro. Com isso, os queijos elaborados dessa maneira normalmente apresentam uma textura bastante cremosa. Os queijos de coagulação mista são o Brie e o Camembert, entre outros.

subprodutos

Também se pode obter queijo a partir do soro escorrido. A solução ainda mantém substâncias proteicas suficientes que podem se solidificar para elaborar especialidades de queijo de soro, como a ricota.

técnicas complementares

A coalhada é colocada em moldes furados para que o soro possa escorrer. Nos exemplares de pasta dura, o soro que a cobre é eliminado de forma mais intensa mediante o prensado.

Os queijos moldados são salgados com sal seco ou submersos em salmoura. Essa é uma maneira de fazer o líquido da coalhada evaporar, proporcionando ao queijo um sabor mais especial e solidificando sua casca.

Depois da salga, os queijos secam e maturam a distintas temperaturas, em função da umidade do ambiente e de seu entorno. Durante essa fase, os microrganismos (bactérias, mofo, e/ou leveduras) atuam para que as proteínas e as gorduras se concentrem e desenvolvam os componentes aromáticos.

Bactérias do gosto

O nome do gênero de fungos *Penicillium* vem do latim e significa "pincel". Encontrados em matéria orgânica no solo e em outros ambientes úmidos e escuros, esses fungos são os responsáveis, por exemplo, pelos bolores que se instalam em alimentos para consumo humano, como o pão.

Revolucionando a medicina a partir dos anos 1940, como primeiro antibiótico bem-sucedido, a penicilina foi produzida com base no fungo *Penicillium chrysogenum* (ou *P. notatum*). No mundo dos queijos, há espécies famosas de *Penicillium*, especialmente na produção de queijos e vinhos, uma vez que seu mofo é considerado comestível – por sinal, muito saboroso.

Típicas são, por exemplo, as bactérias *Brevibacterium linens*, que dão ao queijo Münster seu tom alaranjado e potencializam seu odor e sabor; as que conferem o mofo branco (*Penicillium candidum*) ao Camembert e ao Brie; e o mofo azul (*Penicillium roqueforti*) ao Roquefort.

Famílias

São tantas as variedades de queijos que não há um consenso quanto à classificação. Isso porque podemos partir de diferentes fatores: origem, tipo do leite, quantidade de matéria gordurosa, diferentes procedimentos na fase de elaboração, textura, maturação, tipo de casca, entre outros. Os diferentes *terroirs* e as culturas de produção fazem dessa empreitada um empreendimento ainda mais complexo.

Para melhor entendimento e praticidade, seguimos neste livro a classificação mais básica, que serve de referência ao consumidor habitual e mescla várias categorias. Relacionamos também alguns dos principais queijos nacionais, e, como referência, em alguns momentos exemplificamos com os similares estrangeiros. Além disso, para os tipos segundo o tempo de maturação (fresco, meia cura, curado), tomamos como base um exemplar de até 3 quilos. Essa informação é importante, pois o processo de maturação depende do tamanho da peça.

frescos

Com menos de sete dias de maturação, os queijos frescos artesanais são, na maioria das vezes, produzidos de leite cru, a partir da coagulação enzimática, com aromas lácteos e fermentados.

Nacionais de destaque:

Queijo Minas Frescal e queijo Minas artesanal fresco (Sudeste), queijo Coalho ou de Coalho (Nordeste), Queijo-Manteiga (Nordeste), queijo Marajó tipo creme (Norte).

Queijo Minas Frescal de búfala.

massa filada

Seu processo compreende uma fase de filagem, isto é, a massa da coalhada, previamente cortada, é exposta à água quente a cerca de 40 °C, dessorada, depois, novamente em água quente, a cerca de 80 °C, é batida com uma espécie de lâmina que faz com que se divida em inúmeros fios, e, em seguida, é esticada com pá de inox. O resultado é uma pasta cozida, lisa e elástica quando repuxada.

Um dos queijos de massa filada mais consumidos é o Muçarela, produzido por coagulação enzimática. No Brasil, por exemplo, há muitas variações em relação aos padrões de fabricação. Feitos com leite ácido, os melhores exemplares não têm casca e apresentam coloração esbranquiçada, cheiro suave e levemente salgado. Outros exemplos são o Provolone e o Cabacinha, dos quais trataremos na família dos temperados.

Nacionais de destaque:

Muçarela, com destaque para a produção do Sudeste.

Estrangeiros renomados:

Muçarela italiana de búfala.

casca com mofo branco

Para recobrir e proteger a massa, é aplicado na superfície o *Penicilium candidum* (mofo branco), que confere o aspecto alvo e aveludado da casca. Cremosos, os queijos de casca com mofo branco possuem sabor suave, levemente ácido, picante e pouco salgado. Feitos a partir da coagulação mista, com maturação de 15 a 30 dias, têm marcantes aromas lácteos fermentados, de umidade, cogumelos e ervas frescas.

Nacionais de destaque:

Lua do Bosque e Pirâmide do Bosque (SP), Flor de Mandacaru ou Tomme (GO).

Estrangeiros renomados:

Os franceses Brie e Camembert, preparados com leite de vaca cru.

Lua do Bosque.

casca lavada

Pode ser lavado com salmoura, vinho, cerveja ou licor. Por vezes, infiltra-se o fungo vermelho *Brevibacterium linens*, que dá à superfície do queijo um aspecto gorduroso, em uma gama de cores que se estende do amarelado pálido ao vermelho escuro, segundo a intensidade do tratamento. Possui pasta amarelo-creme, textura fina e lisa. Dominante, quando maduro o casca lavada é bastante gorduroso, salgado e, em geral, apresenta aroma de nozes.

Nacionais de destaque:

Embriago d'Alagoa (MG).

Estrangeiros renomados:

Taleggio (Itália), Reblochon (França), Pont-l'Évêque (França).

Embriago d'Alagoa.

Serrano.

meia cura

São queijos com maturação que varia de sete dias a três meses, feitos a partir da coagulação enzimática. A maioria dos artesanais é produzida com leite de vaca cru. Geralmente apresentam casca rígida, amarelada e fina, bom teor de gordura, aroma lácteo suave e boa acidez.

Nacionais de destaque:

Minas artesanal meia cura (MG), Serrano meia cura (Sul), Colonial meia cura (Sul), Raclette mineiro (MG), queijo de Alagoa meia cura (MG).

Colonial.

Gruy.

curados

Tratam-se de queijos com maturação a partir de três meses. Produzidos com o método de coagulação enzimática, são queijos que, quando jovens, são suaves e untuosos em boca e, ao amadurecerem, adquirem caráter picante, intenso e levemente salgado, com aromas de frutas e de ácido lácteo fresco prevalecendo sobre o açúcar.

Nacionais de destaque:

Queijo de Alagoa curado (MG), curado de ovelha Gran Paladare (SC), extra curado de ovelha Gran Paladare (SC), queijo de Montanha (MG), Campo Redondo (MG), Minas artesanal curado, Colonial curado (Sul), Braz mato-grossense (MT), Arupiara (PB), Gruy (GO), Alpino (GO).

Estrangeiros renomados:

Pecorino (Itália), Parmigiano Reggiano (Itália), Grana Padano (Itália), Gruyère (Suíça).

temperados

Com ervas, especiarias e outros temperos

São muito comuns nessa linha os queijos frescos de leite ácido (ou coalhada ácida) adicionados a especiarias, ervas, frutas, geleias ou mesmo flores. Um exemplo são os de estilo Boursin, queijos frescos de cabra de origem francesa. Manifestam alta acidez por conta do tipo de fermentação.

Defumados

Nessa subfamília, tem destaque o Provolone e o queijo Cabacinha (ou Caciocavallo, na versão italiana), ambos queijos semiduros feitos de massa filada, possuindo preparações e sabores semelhantes. Podendo também ser frescos, a defumação confere a esses queijos coloração e sabores pronunciados.

Nacionais de destaque:

Produção artesanal de queijo Cabacinha (MG), Coração em Brasa (SP), Boursin temperado (Centro-Oeste e Sudeste), Cariri (PB).

Estrangeiros renomados:

Queijo Münster ao cominho (França).

mofo azul

Durante a fabricação desse tipo de queijo são injetados fungos (bolores) do tipo *Penicillium* na massa (ver "Bactérias do gosto", p. 49). Em seguida, ocorre a maturação em caves, por cerca de três meses, para se obter as veias verde-azuladas que conferem, a essa pasta de casca úmida, consistência cremosa e esfarelada, sabor acentuado, picante e aroma intenso de cogumelo e terroso. Nessa linha, são famosos e fonte de inspiração para muitos produtores o francês Roquefort, que é produzido a partir de leite de ovelha na cidade que lhe dá o nome, Roquefort-sur-Soulzon, e o italiano Gorgonzola, fabricado com leite de vaca na cidade homônima, próximo a Milão.

Nacionais de destaque:

Azul do Bosque (SP), Azul de ovelha (RS).

Outras classificações de queijo no mundo

Há várias maneiras de classificar os queijos. Vamos citar aqui duas que julgamos importantes. Uma é pelo tipo de casca, característica que nos ajuda a distinguir facilmente alguns queijos de outros (ressaltando-se que os frescos não costumam ter casca): queijo de casca natural seca (formada ao secar em uma superfície externa), queijo com casca de mofo branco, queijo de casca lavada e queijo de casca artificial (recoberto com diversas substâncias, como folhas, ervas, cera, pinturas, cinzas, páprica, entre outras, ou plastificado ou defumado). A outra maneira é a classificação francesa, segundo a qual os queijos se dividem em: massa fresca, massa filada, massa mole e casca lavada, massa mole e casca com mofo, massa prensada e cozida, massa prensada e não cozida, azul e temperado.

Queijos brasileiros de destaque

Hoje vivemos um momento transformador para os queijos brasileiros. Por um lado, está sendo valorizada a tradição daqueles produtos que se tornaram importantes para a economia local, como é o caso do queijo mineiro, no Sudeste, do queijo Colonial, no Sul, e do queijo de Coalho, no Nordeste. Alguns já possuem inclusive Indicação Geográfica. Por outro lado, tem acontecido uma pequena revolução queijeira: alguns recentes produtores têm investido em pesquisa, intercâmbio e visitas a queijarias internacionais em busca de informações, técnicas e ingredientes diferenciados, e, ainda, tipos específicos de alimentação para os animais, que fornecerão leite de melhor qualidade. Esses novos produtores não estão presos a um processo de produção já consagrado no país, eles apostam em soluções criativas.

Na lista que segue, apontaremos o que é tradicional e o que é novo no Brasil. As novidades muitas vezes envolvem adaptações de elementos habituais em outros países ao nosso *terroir*.

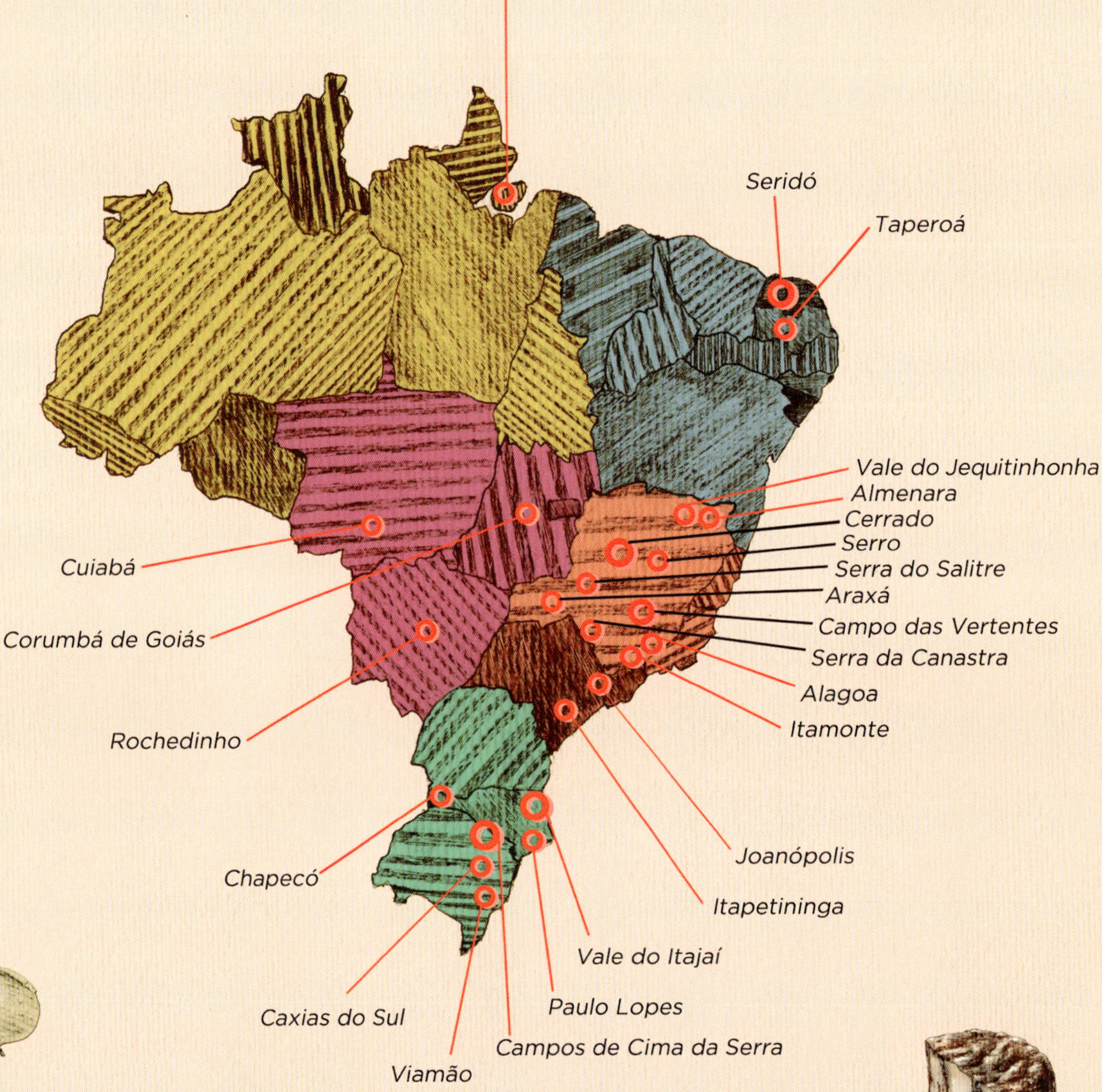
Ilha de Marajó
Seridó
Taperoá
Vale do Jequitinhonha
Almenara
Cerrado
Serro
Serra do Salitre
Araxá
Campo das Vertentes
Serra da Canastra
Alagoa
Itamonte
Cuiabá
Corumbá de Goiás
Rochedinho
Chapecó
Joanópolis
Itapetininga
Vale do Itajaí
Paulo Lopes
Caxias do Sul
Campos de Cima da Serra
Viamão

Norte

Queijo do Marajó (Ilha de Marajó – PA)

Nordeste

Arupiara (Taperoá – PB)
Arupiara Real (Taperoá – PB)
Cariri temperado (Taperoá – PB)
Coalho (AL, CE, PB, RN, SE, PE)
Queijo-Manteiga (Seridó – RN)

Centro-Oeste

Alpino (Corumbá de Goiás – GO)
Boursin de cabra (Rochedinho – MS)
Braz mato-grossense (Cuiabá – MT)
Chancliche (Corumbá de Goiás – GO)
Gruy (Corumbá de Goiás – GO)
Tomme (Corumbá de Goiás – GO)
Zola mato-grossense (Cuiabá – MT)

Sudeste

Azul do Bosque (Joanópolis – SP)
Boursin (Joanópolis – SP)
Cabacinha (Vale do Jequitinhonha – MG)
Campo Redondo (Itamonte – MG)
Castanho (Itapetininga – SP)
Coração em Brasa (Joanópolis – SP)
De Alagoa (Alagoa – MG)
Lua do Bosque (Joanópolis – SP)
Minas artesanal*
Montanha (Almenara – MG)
Muçarela**
Pirâmide do Bosque (Joanópolis – SP)
Raclette mineiro (Almenara – MG)
Simental (Itapetininga – SP)
Tropeiro (Itapetininga –SP)

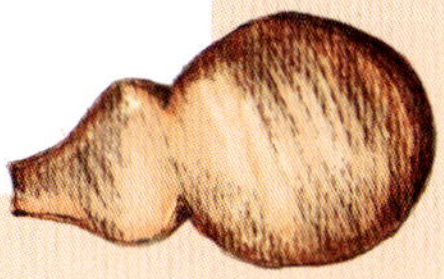

Sul

Azul de ovelha (Viamão – RS)
Camembert (Paulo Lopes – SC)
Colonial (Caxias do Sul – RS, oeste de SC, Vale do Itajaí – SC, sudeste do Paraná)
Curado e extra curado de ovelha (Chapecó – SC)
Fromage Blanc (Paulo Lopes – SC)
Gruyère (Paulo Lopes – SC)
Münster (Paulo Lopes – SC)
Saint Paulin (Paulo Lopes – SC)
Serrano (Campos de Cima da Serra – RS e Serra Catarinense – SC)

* Sete regiões de Minas Gerais destacam-se na produção do queijo Minas artesanal: Serro, Araxá, Serra da Canastra, Serra do Salitre, Cerrado, Campo das Vertentes e Triângulo Mineiro.

** O Muçarela é produzido em praticamente todo o Brasil, mas tem destaque em boa parte da região Sudeste.

região Sudeste

Queijo Minas artesanal (tradicional)

Verdadeiros legados nacionais, esses queijinhos são produzidos em várias regiões de Minas Gerais. Com maturação de quatro dias a doze meses, a categoria engloba desde frescos e meia cura até curados, alcançando o máximo de sabor e aroma aos quinze dias de maturação para uma peça de 800 gramas. Se bem conservado, pode manter essas qualidades intactas por muito tempo.

O queijo Minas artesanal é preparado com leite de vaca cru, de pasta prensada e não cozida. O Canastra, por exemplo, possui sabor forte, meio picante e encorpado; já o do Serro é um queijo de massa compacta, macia, amanteigada, com pequena acidez. Esses queijos apresentam aromas de leite fresco, quando jovens, e frutos secos, quando envelhecidos.

O paladar inconfundível desse queijo é o resultado de vários fatores, como o microclima – as diferenças de temperatura entre os dias quentes e as noites frias da montanha causam o aparecimento de bactérias particulares, concentradas no processo que separa o soro do leite coalhado. Elas dão origem ao pingo (soro), que escorre durante a cura, funciona como fermento natural na fabricação do próximo queijo e confere a este, também, características sensoriais. As regiões produtoras são Serra da Canastra, Serro, Araxá, Alto Paranaíba ou Cerrado, Campo das Vertentes, Triângulo Mineiro e Serra do Salitre.

Patrimônio nacional

Esse tradicional queijo do Sudeste brasileiro é produzido há mais de trezentos anos. Sua história começou durante a colonização de Minas Gerais, no século XVIII, com a chegada de imigrantes portugueses, que iniciaram a produção de queijo nos moldes do famoso queijo lusitano da Serra da Estrela. A fama se espalhou porque, no século seguinte, o rei D. João VI incentivou a produção. O modo artesanal de fazer o queijo mineiro, nas regiões do Serro, da Serra da Canastra e do Salitre, está registrado como patrimônio nacional, constando entre os bens culturais de natureza intangível ou imateriais pelo Instituto do Patrimônio Histórico e Artístico Nacional (IPHAN).

Canastra Real.

Queijo Minas Araxá.

Queijo Raclette mineiro

O queijo Raclette mineiro é feito de leite de vaca cru a 900 metros de altitude, na área rural do município de Almenara, no Vale do Jequitinhonha, em Minas Gerais. Possui pasta prensada e semicozida – à coalhada se adiciona água quente, mantendo-se a temperatura por um determinado tempo – e maturação de 45 a 60 dias, o que lhe confere derretimento ideal. Os de pouca maturação têm como resultado a elasticidade, e os bem envelhecidos se caracterizam por textura quebradiça. O Raclette manifesta sabor levemente picante, pouco salgado e final adocicado. Apresenta aromas lácteos fermentados e de frutos secos.

É ótimo para gratinar, ser ralado sobre a carne e legumes grelhados, preparar *fondue*, mas também para ser consumido em tábua de queijos. Pode ser usado como acompanhante do churrasco, sendo colocado em cima da carne ou mesmo direto na churrasqueira, espetado em um garfo.

Queijo Minas Frescal (tradicional)

O artesanal, de sabor delicado, levemente ácido, é feito com leite cru de vaca. Necessita ser consumido em até dez dias depois da fabricação. Ficou tão conhecido que hoje é comum sua produção por todo o país, geralmente a partir de leite pasteurizado.

Queijo Minas Frescal de cabra.

Queijo Minas Frescal de búfala.

Queijo de Alagoa (tradicional)

Em uma pequena cidade chamada Alagoa, no coração da Serra da Mantiqueira, encontra-se o queijo artesanal de Alagoa, que recebe outras nomenclaturas, como Parmesão da Mantiqueira ou Parmesão de Alagoa.

Por ser uma zona de alta altitude, que chega a 2.300 metros, as estações do ano são demarcadas por verões cálidos e chuvosos, e invernos rigorosos, podendo inclusive gear, com registro de temperaturas negativas.

Os fatores climáticos da Serra da Mantiqueira, o isolamento do município por conta do difícil acesso, as águas naturais que correm nos rios e que servem de bebida para o gado e de irrigação para os abundantes pastos verdejantes e naturais, ricos em proteínas para pastagem, formam um ambiente espetacular para a fabricação desse queijo de leite de vaca cru, de pasta prensada e cozida, que chega a ter de sete dias a três meses de maturação para peças de 1 quilo, e até dois anos para peças de 5 quilos. É suave, quando jovem, e levemente salgado e picante, quando envelhecido, com aromas que vão dos lácteos frescos a nozes – diferenciais que se somam à sua história.

Queijo de Alagoa.

A história do queijo de Alagoa

O queijo de Alagoa foi introduzido no local há cerca de cem anos por um casal de italianos, Paschoal e Luiza Poppa. Os aspectos naturais da região chamaram a atenção desses imigrantes que já possuíam o conhecimento da produção de queijos na Itália.

Cem anos se passaram e atualmente o município de Alagoa, que conta com 2.700 habitantes, tem no leite e no queijo suas principais fontes de renda. O local tem uma associação com mais de cem produtores de queijos e dois laticínios envolvidos diretamente na fabricação, além de outras tantas fazendas que se dedicam a fornecer a matéria-prima, o leite.

Embriago d'Alagoa

Todos os dias, durante 40 dias, esse queijo feito de leite de vaca, da cidade de Alagoa, Minas Gerais, é banhado e escovado em licor de jabuticaba. A ideia vem da Bélgica, onde utilizam a mesma técnica, só que com cerveja. O Embriago d'Alagoa apresenta casca com mofo branco e fungo *Brevibacterium linens*, o que faz a massa ficar muito cremosa e com aroma bem acentuado. É maturado na loja Mestre Queijeiro, em São Paulo. Existem poucas versões nacionais de qualidade nessa linha.

Embriago d' Alagoa.

Queijo de Montanha

Elaborado pelos mesmos produtores do Raclette mineiro, no Vale do Jequitinhonha, Minas Gerais, o queijo de Montanha é originalmente chamado de *Bergkäse* nos Alpes, de onde é procedente, mais especificamente do cantão alemão da Suíça. É um queijo de leite de vaca cru, de pasta prensada e cozida. Único, de sabor potente, picante, levemente adocicado e salgado, de textura quebradiça, é envelhecido por no mínimo cinco meses e no máximo dez meses.

Possui aromas lácteos fermentados, de ervas do campo e de frutos secos.

Queijo artesanal Cabacinha (tradicional)

O queijo Cabacinha, com boa produção no Vale do Jequitinhonha, no nordeste de Minas Gerais, tem fabricação e sabor semelhantes ao do Caciocavallo, típico do sul da Itália, que, por sua vez, se parece gustativamente com o Provolone e o Muçarela. Em 2014, o Instituto Mineiro de Agropecuária (IMA) reconheceu oficialmente a produção do queijo artesanal Cabacinha no Vale do Jequitinhonha, que compreende os municípios de Pedra Azul, Medina, Cachoeira do Pajeú, Comercinho e Itaobim. Essa foi uma forma de padronizar os processos e incentivar e legalizar a fabricação, o que beneficia os produtores e gera renda para a região.

Cabacinha.

Coração em Brasa

Queijo de cabra de Joanópolis, em São Paulo, feito com leite pasteurizado e maturação de vinte a trinta dias. Sua composição leva uma faixa de pimenta chipotle defumada. Possui sabor levemente ácido, intenso e picante, com aromas lácteos fermentados, de umidade e animal.

Coração em brasa.

Azul do Bosque.

Azul do Bosque

Queijo azul de leite de cabra pasteurizado, produzido em Joanópolis, São Paulo. Apresenta maturação de quarenta a cinquenta dias. Tem sabor pronunciado, picante, massa untuosa e adorável frescor, com aromas de cogumelos e ervas umedecidas. Sua consistência é mais cremosa e seu sabor mais potente que o do seu primo Roquefort.

Muçarela (tradicional)

É um queijo italiano que ganhou muita força no Brasil. O Muçarela original é produzido com leite de búfala, mas poucas regiões brasileiras seguem à risca os métodos italianos de fabricação. Existem bons exemplares desse queijo de massa filada em Guaratinguetá, no estado de São Paulo.

Muçarela de búfala.

Lua do Bosque e Pirâmide do Bosque

Há boa produção desses queijos de casca com mofo em Joanópolis, interior de São Paulo. São fabricados com leite pasteurizado de cabras da raça Saanen. São desenvolvidos exemplares semelhantes, no processo e no sabor, ao Brie e ao Camembert. Cremoso, o Pirâmide do Bosque é recoberto com carvão vegetal e maturado com uma camada de mofo branco, que confere aspecto aveludado.

Lua do Bosque.

Campo Redondo (tradicional)

Queijo de massa cozida e prensada, produzido pela cooperativa local do município de Itamonte, distrito de Campo Redondo, em Minas Gerais. Seu sabor é intenso, levemente salgado e, se for muito curado, picante. Com casca natural, possui aromas lácteos, de manteiga e de frutos secos. É apresentado em peças redondas, com cantos retos, de 900 gramas ou 5 quilos.

região Sul

Queijo artesanal Serrano (tradicional)

Produzido em uma região de invernos rigorosos, em Campos de Cima da Serra, entre Rio Grande do Sul e Santa Catarina. O início de sua história remonta à época dos tropeiros, em meados do século XVIII, quando as tropas partiam com suas mulas carregadas de queijos e mantimentos para trocá-los por outros bens de consumo. Assim, como receita passada de geração em geração, o queijo artesanal Serrano, fonte de renda de muitas famílias de pecuaristas, cujo gado se alimenta nos pastos nativos, é feito de leite de vaca cru, pasta prensada e não cozida, e possui maturação de vinte dias a um ano. Suave, cremoso e pouco salgado, seu sabor fica mais acentuado quando maturado por uns 45 dias. Possui aromas lácteos fermentados e animal.

Serrano.

Queijo Colonial (tradicional)

Colonial.

Elaborado em toda a região Sul, no Vale do Itajaí, Santa Catarina, no sudeste do Paraná, na região de Caxias do Sul, Rio Grande do Sul, seu maior polo se encontra a oeste de Santa Catarina, na região de Chapecó, onde tem muita influência cultural e comercial. Todo o processo de produção é tarefa feminina: a fabricação se inicia no período da manhã, com as demais atividades do lar; a ordenha é realizada duas vezes ao dia, uma de manhã e outra no final da tarde; o leite da tarde é refrigerado e misturado ao da ordenha do dia seguinte para a produção.

É um queijo de pasta prensada e não cozida, elaborado com leite de vaca cru ou pasteurizado, com maturação de sete dias a um ano. Possui cor amarelo-pálido, aspecto exterior duro ou semiduro, interior macio e cremosidade média. Seu sabor é suave, levemente salgado, medianamente picante, com aromas lácteos fermentados, de frutos secos e animal.

As peças que não são comercializadas durante esse período são destinadas a uma maturação específica, adotando-se técnicas tradicionais de intervenção/conservação que o transformam em outro tipo de queijo, o de casca lavada. As técnicas mais utilizadas são de imersão em vinho tinto de uvas bordô ou untado em banha de porco, colorau e pimenta.

Curado e extra curado de ovelha

O curado de ovelha é um queijo de pasta prensada e cozida, feito de leite de ovelha cru, com maturação de três a doze meses. É produzido em Chapecó, Santa Catarina. Quando jovem, é suave e untuoso em boca; quando envelhecido, picante, intenso e levemente salgado. Possui aromas lácteos frescos e de frutos secos.

Leite cru com certificação sanitária

A Gran Paladare é a primeira indústria de laticínios de médio porte a produzir queijos com leite cru com a nova certificação sanitária (SISBI). Esse é um exemplo de que é possível produzir bons queijos com leite cru e certificados.

Azul de ovelha

Produzido por Sandra Aguinsky e seu filho Marcio, esse queijo provém do maior rebanho ovino do país, em Viamão, no Rio Grande do Sul. Percebe-se clara inspiração no queijo francês Roquefort, inclusive na raça ovina usada para obtenção do leite – a família foi responsável pela introdução do rebanho ovino leiteiro da raça Lacaune nos anos 1980. A versão brasileira é mais intensa, picante e animal que o original francês. Possui maturação de sessenta a noventa dias.

A região Sul do Brasil vem se destacando pelo aumento gradativo de ovinos com aptidão leiteira dessa raça. Várias indústrias de laticínios oferecem uma gama ainda restrita de variedades de queijo, principalmente produzidos com leite cru. Seu sabor é intenso, potente, picante e levemente salgado, com aromas de cogumelos, umidade e terroso.

Queijo com Sotaque

Localizada em Paulo Lopes, Santa Catarina, a Queijo com Sotaque pertence à mestra-queijeira de origem francesa Elisabeth Schober. Nessa fábrica é produzida uma gama de aproximadamente dez tipos de queijos com inspiração francesa, como Raclette, Gruyère, Fromage Blanc, Camembert, Saint Paulin e Münster – todos de leite de vaca.

região Centro-Oeste

Boussin de cabra com pimenta rosa e ervas secas.

Boursin de cabra com pimenta rosa e/ou ervas secas

Queijo de origem francesa com textura suave e cremosa, que leva quatro dias para ser feito. É delicado e ácido, servido fresco, conservado em azeite e ervas. Há boa produção em Rochedinho, Mato Grosso do Sul, e em Joanópolis, São Paulo. Mas é produzido em diversas partes do Brasil, em praticamente todos os laticínios caprinos, por sua fácil fabricação e aceitação no mercado.

Caprino com flor comestível.

Bebidas harmonizadas e suas características

Introdução

Existe um universo incrível de cachaças, cervejas e vinhos com possibilidades de harmonizar com queijos. Mas a ideia deste capítulo não é detalhar todo esse universo, pois há outras publicações completas sobre o assunto. Aqui, nossa proposta é descrever, em particular, os estilos que escolhemos para compatibilizar com as oito famílias de queijos. Ao conhecer características como estrutura, intensidade, cor, aroma e sabor de cada bebida, o leitor poderá entender por que elas combinaram ou não com esse ou aquele queijo.

Cachaça

Indicação Geográfica do Brasil

Hoje em dia a cachaça é genuinamente brasileira até por decreto presidencial: o de número 4.062 de 2001 garante que apenas a cachaça produzida em nosso país, tendo como matéria-prima exclusiva o mosto fermentado do caldo da cana-de-açúcar, e teor alcoólico entre 38% e 48%, possa receber o nome "cachaça" e "cachaça do Brasil".

Pelo fato de ser produzida de norte a sul, a mesma lei também nomeia nosso destilado como uma Indicação Geográfica do Brasil, instituída com base no Acordo Trips/OMC (Acordo sobre Aspectos dos Direitos de Propriedade Intelectual Relacionados ao Comércio, no âmbito da Organização Mundial do Comércio).

Todo esse movimento de valorização da cachaça é recente. Fatores como a Semana de Arte Moderna (1922), que exaltou a bebida, o Decreto 4.062/2001, a Lei 8.918/1994 e a criação do Instituto Brasileiro da Cachaça (2006) contribuíram para que ela fosse reconhecida e valorizada dentro e fora do Brasil como um produto genuinamente nacional.

Existem cachaças de boa qualidade tanto artesanais quanto industriais. Estas últimas são uma mistura de melaço, aguardente e aditivos químicos, que aceleram o processo, levando cerca de 5 horas para ficarem prontas. Já as cachaças artesanais precisam de 18 a 38 horas.

Os produtores que se preocupam com a qualidade da bebida usam cana-de-açúcar tratada, de preferência, cultivada sem agrotóxico e colhida sem uso de queimadas, utilizando-se apenas do caldo de cana para a preparação do mosto.

Para a cachaça artesanal, pode-se empregar, ainda, fermento natural caipira, uma mistura com variação de ingredientes, mas que é basicamente composta de caldo de cana, farelo de arroz, fubá, bolacha e caldo de limão ou laranja – receita que concede as leveduras necessárias

à fermentação, caso da *S. cerevisiae*, comum na produção de bebidas do mundo todo, e que propicia tanto a conversão em álcool quanto em aromas e sabores particulares.

Tanto cachaças artesanais quanto industriais devem passar por um processo que extraia apenas o "coração" da bebida, isto é, sua essência, desprezando-se os 10% iniciais (cabeça) e finais (cauda).

Verdadeira representante da diversidade natural e cultural do país, essa cachaça se multiplica em cores, aromas e sabores ímpares percebidos em cada localidade, o que varia de acordo com o *terroir* e o armazenamento ou não em madeira.

Terroir

Esse é um tema polêmico em que ainda não há uma definição. Existe uma linha que defende a existência do *terroir* da cachaça e afirma que condições climáticas, de solo e de geografia influenciam no sabor e no aroma da bebida. Por outro lado, há quem defenda que o processo de destilação anularia as características conferidas pelo *terroir*. A existência ou não do *terroir* não pode ser comprovada cientificamente.

A "branquinha" (sem armazenamento), também nomeada de prata, clássica ou tradicional, é mais direta e mais gastronômica, como percebemos na degustação com os queijos. Há também o requinte das "amarelinhas", as versões "ouro", armazenadas em barris de múltiplas madeiras, com variedades próprias de cada região. Cada uma dessas variedades evidencia aromas particulares de determinada cachaça, que se mesclam aos da madeira. O Instituto Brasileiro da Cachaça (Ibrac) catalogou 26 tipos de madeiras utilizados na fabricação de barris: amarelo-cetim, amburana, amendoim, angelim-araroba, angico, ariribá, bálsamo, carvalho-americano, carvalho-europeu, castanheira, cedro, freijó, grápia, ipê, ipê-amarelo, itaúba, jatobá, jequitibá, jequetibá-rosa, louro-canela, pau-brasil, pereira, peroba, sassafrás, tapinhoã, vinhático.

Envelhecida x armazenada

A cachaça envelhecida é lacrada e fiscalizada pelo Ministério da Agricultura e do Abastecimento. Já a cachaça armazenada, mesmo amadurecendo pelo mesmo período (ou até por mais tempo), não tem esse acompanhamento. Neste livro, usou-se o termo *armazenada* para designar os dois tipos de amadurecimento.

Entre eles, os tonéis mais usados para amadurecimento, por conta da influência vinícola, são os de carvalho. Com eles também se fazem *blends* (misturas nas proporções determinadas pelo produtor), mesclando dois ou mais tipos para dar mais complexidade aromática à bebida. As cachaças envelhecidas contêm, no mínimo, 50% de cachaça ou aguardente de cana armazenada em recipiente de madeira (capacidade de 70 litros) por não menos de um ano. A cachaça "premium" contém 100% de aguardente de cana ou cachaça armazenada em madeira (capacidade de 700 litros) por não menos de um ano. A "extra premium" contém 100% de aguardente de cana ou cachaça armazenada em madeira (capacidade de 700 litros) por não menos de três anos.

um pouco de história

São tantos os apelidos bem-humorados usados para definir a cachaça, que despertam atenção e curiosidade. O historiador e folclorista Luís da Câmara Cascudo relata alguns deles em seu *Dicionário do folclore brasileiro:* pinga, caninha, tira-teima, cobertor de pobre, suor de alambique, santinha, etc. E há outros tantos, como bichinha, branquinha, birita, dengosa, malvada, perigosa, danada; e ainda expressões, como "água que passarinho não bebe".

A cachaça surgiu por volta de 1530, no primeiro século da colonização, e é considerada o primeiro destilado americano – antes mesmo do pisco, da tequila e do rum. Como a maior parte dos alimentos e bebidas processados, a cachaça também apareceu por acaso. Há várias versões para sua origem.

Reza uma lenda que, nos engenhos de cana, durante a fervura da garapa para a produção do açúcar, sobrava uma borra de melaço por cima, a *cagaça*. Para tornar mais límpido o caldo, ela era extraída e jogada nos cochos dos animais. Parece que um escravo decidiu experimentar esse líquido fermentado e o apreciou. A partir daí, logo se iniciou a destilação da cachaça.

No entanto, parece que atualmente a teoria mais aceita é a de que os portugueses, acostumados a tomar a bagaceira, um destilado de casca de uva, na falta dessa matéria-prima tiveram de improvisar sua produção a partir da fermentação e destilação de derivados do caldo da cana-de-açúcar. Ao ver a forma como a bebida se espalhou pelo país, devem ter ficado bem satisfeitos com o resultado.

As origens do nome

Luís da Câmara Cascudo, em seu *Dicionário do folclore brasileiro*, defende que o nome da cachaça provém do espanhol *cachaza*, o mesmo que "vinho de borras", ou de *cachar*, sinônimo de ocultar, pois os escravos escondiam a sua produção. Outra hipótese, ainda, seria sua derivação da palavra *cagaça*, nome dos resíduos da produção do açúcar.

Com o tempo, a cachaça passou a servir de moeda de troca no tráfico de escravos, mas a Coroa se ressentia disso, pois a bagaceira e outras bebidas acabavam preteridas; tanto que, em 1662, a produção de cachaça foi proibida. No entanto, essa ação de nada adiantou, pois sua fabricação aumentou ainda mais. O jeito, então, foi taxar o produto que ia do Brasil para a África. Do Ciclo do Ouro até o século XIX, os tropeiros foram personagens importantes na disseminação da cachaça pelo Sudeste e Sul do país.

A cachaça foi adotada como símbolo da Independência, por ser a aguardente dos patriotas, consumida até pelo imperador D. Pedro I. Na República, no entanto, as elites voltaram a reverenciar os ideais europeus, e a bebida retornou à esfera mais baixa da população.

Felizmente, a partir da década de 1990, esse panorama começou a mudar. A prova disso é que a cachaça está hoje por todo lado, nos botecos, nas feiras, nos mercados, nas casas e até nos bares descolados e restaurantes de alta cozinha.

o momento atual

Atualmente a cachaça tem se destacado inclusive em concursos internacionais de bebidas. Um exemplo é o importante Concours Mondial Spirits Selection 2014, que contou com 650 amostras de destilados do mundo todo avaliadas em degustações às cegas. Entre elas, 215 aguardentes foram premiadas – onze medalhas "dupla de ouro" (*grand gold medal*), cem de ouro e 104 de prata. A cachaça ficou com o maior número de medalhas: 59 no total, sendo duas "dupla de ouro", 31 de ouro e 26 de prata.

Embora existam milhares de cachaças no Brasil, a produção do Sudeste domina mais de 70% do mercado, fato que está relacionado à tradição e ao mercado distribuidor.

Cachacista, cachacier ou sommelier?

Como é recente o fato de a cachaça ter ganhado tanto prestígio, ainda não há um consenso sobre a denominação do profissional que detém o conhecimento sobre as variedades de cana, madeira e armazenamento, bem como sobre as cachaças mais adequadas para servir em determinados momentos da refeição. Tendo o restaurante um profissional das bebidas (e não só do vinho), seria o sommelier o responsável por passar essas informações ao cliente. Mas começam a se formar também os especialistas só em cachaça, que alguns chamam de "sommelier de cachaça", outros adaptaram para "cachacier", e há ainda os que assumiram o termo "cachacista", mais adequado à língua portuguesa. Seja como for nomeado, o sommelier deve ser um profissional completo, ou seja, deve entender também de outras bebidas para saber proporcionar uma boa experiência gustativa por meio de suas indicações.

Caipirinha

A soberania da "branquinha" originou o drinque que é símbolo da brasilidade: a caipirinha. Mistura perfeita de cachaça macerada com limão-taiti e açúcar, hoje em dia ela já faz parte da lista dos coquetéis clássicos da International Bartenders Association (IBA). A autêntica caipirinha é geralmente a primeira coisa que o estrangeiro quer provar quando chega ao Brasil. Além do mais, a nossa cachaça é muito versátil para elaborar variados tipos de drinques.

estilos degustados

Como puderam ver, temos um universo fantástico de cachaças, com ou sem armazenamento. Estas são um capítulo à parte, com suas dezenas de barris de diversos tipos de madeiras, o que, combinado com os anos em que ficam armazenadas e o *terroir* de cada lugar, gera uma riqueza plural.

A maioria das bebidas do mundo envelhece em apenas um tipo de madeira, normalmente carvalho. O fato de a cachaça permitir o amadurecimento em tonéis de diversas procedências a torna muito peculiar.

A madeira produz alterações na composição química da bebida, resultando em mudanças na cor, no sabor e no aroma. Vamos nos ater aqui a apresentar as características dos estilos de cachaça degustados, com suas respectivas madeiras.

Armazenada em amburana

Conhecida também como umburana ou cerejeira, entre outros nomes locais, conforme o grau de armazenamento essa madeira dá uma característica mais equilibrada à cachaça, assim como deixa a bebida mais arredondada e suave, com acidez equilibrada.

Conforme seu amadurecimento em barril, a cachaça fica mais dourada, muito aromática, lembrando frutado, notas vegetais, mel e canela. Na boca, pode apresentar certo adocicado e gosto de baunilha. As menos armazenadas apresentam aroma e sabor de caldo de cana e acidez mais acentuada.

Provamos um exemplar da região de Ivoti, no Rio Grande do Sul, armazenada por um ano em barris de amburana, orgânica e com 38% de teor alcoólico. Mas também há boas amostras em outras localidades, como Salinas e Januária, em Minas Gerais.

Armazenada em carvalho (toque sutil)

O carvalho é típico do hemisfério norte e é muito usado no envelhecimento e armazenamento de vinhos e destilados desde tempos remotos. Os mais utilizados são o carvalho-europeu (*Quercus séssil*) e o norte-americano (*Quercus Alba*). Na época do Brasil Colônia, os portugueses trouxeram barris de carvalho para armazenar aguardente, normalmente cachaça.

O envelhecimento menor nessa madeira, de um a três anos, tem como resultado uma cor que vai de âmbar a palha. O amadurecimento em carvalho proporciona à cachaça aromas frutados – de nozes e amêndoas a algumas, e de frutas tropicais, como banana e manga, a outras. Os aromas amadeirados do carvalho marcam presença com perfumes de baunilha, caramelo, com final adocicado e macio. Algumas cachaças apresentam toques de cravo e canela. São geralmente encorpadas, com álcool equilibrado.

A cachaça degustada é originária de Coronel Xavier Chaves, em Minas Gerais, local em que se encontra o alambique mais antigo do país ainda em funcionamento. Essa é uma cachaça levemente acarvalhada, de cor âmbar, que lembra um vinho branco da uva Chardonnay envelhecido. Sentimos um leve toque da madeira, que dá um gosto de baunilha, húmus e um sutil cítrico, com graduação alcoólica de 40%.

O carvalho é o tipo de madeira mais presente na produção de cachaça, com exemplares por todo o país, como Rio de Janeiro, São Paulo, Minas Gerais, Ceará, Paraná e Rio Grande do Sul.

Armazenada em carvalho (toque marcante)

O amadurecimento maior em carvalho acrescenta uma cor dourada e uma presença mais forte de baunilha, além de fornecer aromas de coco, frutas secas, como figo, frutas vermelhas e castanhas. Encorpada, seu álcool é suavizado, e é mais macia e elegante no sabor, conferindo-lhe harmonia final.

Escolhemos uma representante de Nova União, em Minas Gerais, com 40,5% de álcool. Ela marcou presença pela potência do carvalho e por seus ricos aromas.

Armazenada em bálsamo, estilo Salinas

Muito embora a região de Salinas envelheça suas cachaças em outras madeiras, como carvalho, amburana, ipê, jequitibá e jatobá, o estilo Salinas, em geral, é marcado pela presença do amadurecimento em bálsamo, a madeira mais apreciada nessa região e que confere sabor forte e aromático à bebida.

Quando armazenada por mais tempo, a cor varia de âmbar a dourada, e possui um estilo encorpado, com elevado teor alcoólico, porém sem ser agressiva. O sabor é condimentado, lembrando especiarias, com notas herbais, principalmente de anis, sua marca registrada. Algumas também remetem a baunilha.

Com menos armazenamento, sua cor varia entre palha e esverdeada, e mantém aromas herbáceos, lembrando especiarias, com a personalidade marcante de anis. Tem sabor adocicado, acidez de média a elevada e álcool equilibrado.

Provamos uma que passou por dois anos em bálsamo, com 44% de álcool e um toque mentolado, de gengibre. Por ser muito alcoólica, sua ardência é bem pronunciada na boca. Por todos esses fatores, somados à forte presença do anis, dominante, recomendamos que essa cachaça seja provada sozinha ou como um digestivo no final da refeição.

Cachaças de Salinas

Entre as cachaças artesanais, muitos consideram superiores as da região de Salinas, em Minas Gerais, que produz desde 1876. Sua fabricação começou a se tornar uma importante atividade econômica em 1950, com produtores como Anísio Santiago, que ganhou renome com a cachaça Havana. Na década de 1990, isso gerou o *boom* de marcas de bons produtores, comercializadas e reconhecidas em todo o país e no exterior. A região inclui os municípios de Rubelita, Santa Cruz, Curral de Dentro, Rio Pardo, Indaiabira, São João do Paraíso e Taiobeiras. Salinas é considerada a capital nacional da cachaça artesanal de alambique de cobre. O clima semiárido, com terra fina, maciça, com pouquíssimo sal, fornece as melhores condições para o cultivo da cana das variedades java e uva, com excelente teor de açúcar.

"Branquinha" (prata)

A aparência cristalina e o visual brilhante são os indícios da boa destilação desse tipo de cachaça sem armazenamento. Algumas descansam por meses em volumosos tonéis de madeira só para arredondá-las e estabilizá-las. Outras passam apenas por tanques de aço inoxidável.

O resultado são sabores e aromas mais puros da própria matéria-prima e uma personalidade marcante. São também mais frescas.

Entre os aromas mais comuns estão o herbal intenso, o de milho verde e o de caldo de cana. Encorpadas, com leve acidez, untuosas e com final prolongado, mostram bem a expressão da cachaça brasileira pura.

Optamos por uma prata que descansou por breve período em madeira. Bem mais potente que as amadeiradas anteriores, por um lado apresentou maciez, por outro, mais complexidade. A branca é mais incisiva e, apesar de se mostrar mais leve, é mais pungente. Revela-se frutada, com presença de minerais.

PORTO

Vinho

Constituindo uma das primeiras bebidas da humanidade, o vinho teve sua origem entre 7.400 e 7.000 a.C., no Oriente Médio – a descoberta da datação se deu através de resíduos de vinho encontrados no fundo de um jarro. Ao longo dos séculos, a bebida passou a fazer parte da cultura de muitos povos, marcando presença fundamental à mesa.

Vale lembrar que a produção de vinhos finos, no estilo que se conhece hoje, tem cerca de 350 anos, e já na época das Grandes Navegações, no século XVI, a vinha foi difundida pelos cinco continentes por colonizadores franceses, espanhóis e portugueses.

Com relação aos tipos, os vinhos podem ser tintos, rosados, brancos, espumantes, doces ou fortificados. Cada uva ou casta utilizada para sua produção possui características próprias que determinam os potenciais aromáticos e de sabor, assim como o corpo do vinho. Sua região de origem conta sobre seu estilo, sua tipicidade e, inclusive, sua qualidade. Em geral, saber quem é seu produtor é muito importante, pois o cuidado com a parreira é essencial.

A vinificação mostra o processo de elaboração, se o vinho passou por tanque de inox ou estagiou em baril de carvalho e por quanto tempo. A idade, relativa ao ano de produção (safra), informa se o vinho está no momento propício para ser bebido.

A vinha é uma planta frutífera que segue um ciclo produtivo anual. No inverno, o vinhateiro poda-a; na primavera, corta ou apara a planta; no verão, livra-a do excedente de cachos, fazendo a desfolha antes das vindimas, para obter cachos ricos em suco e aptos a produzir um bom vinho – o qual depende de boa concentração das substâncias (açúcares, colorantes, extrato, aromas) que enriquecem suas características. Após a colheita, a planta entra no período de descanso, no inverno.

Durante todo o ciclo da vinha, o produtor segue procedimentos que visam obter da planta seu melhor desempenho para uma colheita de frutos com qualidade. Esses procedimentos variam conforme o clima, a região, a variedade das uvas e os objetivos do vinhateiro.

No hemisfério sul, a colheita acontece entre janeiro e março, mês em que se inicia também a vinificação.

vinificação em tinto

Na adega, as uvas tintas são esmagadas com polpa, sementes e casca. Essa massa (mosto) vai para tanques (cubas), nos quais ocorre a fermentação alcoólica, aumentando-se a temperatura do mosto, mantida entre 25 °C e 30 °C. As cascas e sementes formam uma cobertura compacta chamada "chapéu", que é misturada ao líquido para dar-lhe cor e taninos. Os vinhos destinados ao envelhecimento longo ficam por mais tempo em contato com o chapéu. Em seguida, só o vinho é escoado para barris de carvalho ou para outros tanques de inox, nos quais sofre fermentações de acabamento, com o desaparecimento de açúcares residuais. Nessa etapa, é comum se realizar a fermentação maloláctica.

vinificação em branco

É elaborada com uvas brancas ou tintas. Com as tintas, as cascas são separadas do suco logo após o esmagamento das uvas. Daí seguem-se as mesmas etapas do vinho tinto, com duas diferenças: a primeira é que seu mosto é mais sensível à oxidação e deve ser protegido logo após a prensagem com o conservante anidrido sulfuroso; a segunda é que a fermentação deve ser mantida a temperaturas entre 20 °C e 24 °C, para conservar os aromas. Por reduzir sua acidez e seus aromas, características apreciadas, alguns vinhos brancos não sofrem a fermentação maloláctica; no entanto, há muitos que passam por esse processo. Alguns ainda são amadurecidos em tonéis de carvalho e são destinados a um envelhecimento mais longo.

vinificação em rosado

No processo de fabricação do vinho rosado, a manta fica em contato com o líquido por poucas horas; depois, ele é escoado para outro tanque, terminando sua fermentação separado do chapéu. Em 2009, a Comissão Europeia aprovou também a produção de vinhos rosados feitos a partir da mistura de vinho tinto com branco – o que já acontecia em alguns países do Novo Mundo. Contudo, alguns produtores são da opinião de que esse método compromete a qualidade.

O Velho e o Novo Mundo do vinho

Até os anos 1970, a tradição europeia imperava no universo vinícola. Foi então que surgiu na Califórnia, Estados Unidos, a moda dos varietais, vinhos feitos a partir de uma única casta. Didático, esse estilo ensinou muita gente a tomar vinho e a conhecer a tipicidade de cada uva. Esse movimento, que foi seguido por outros países da América e de outros continentes com tradição vinícola recente, passou a ser chamado de "Novo Mundo do vinho". Auxiliada por uma vinificação moderna, a revolução "novo-mundista" mais importante foi a produção de vinhos mais adequados para beber: mais maduros, alcoólicos e concentrados, exibem o sabor extremamente frutado, muitas vezes recendendo a aroma de carvalho novo. A partir da década de 1990, muitos vinicultores da Europa passaram a produzir vinhos varietais. Na contramão, produtores do Novo Mundo veem a necessidade de um "amadurecimento" de seus vinhos – exemplo disso é a busca pela noção do *terroir*.

estilos degustados

As famílias dos vinhos vão além dos brancos, tintos, rosados e espumantes. Dentro dessas quatro categorias básicas, há estilos que os dividem em grupos e definem bem sua identidade. Aqui vamos apresentar os estilos de vinhos que escolhemos para a degustação.

Espumante seco (brut)

O espumante natural é o produto no qual o gás carbônico é resultante de uma segunda fermentação alcoólica, realizada em grandes recipientes de aço inoxidável (método Charmat) por período mais curto, o que resulta em aromas e sabores menos complexos. Essa fermentação também pode ser feita na própria garrafa (método *champenoise* ou tradicional).

Também chamado de clássico, o espumante se tornou célebre na região de Champanhe, por isso esta denominação específica é reservada ao vinho espumante feito a partir de três uvas – Chardonnay, Pinot Noir e Pinot Meunier – produzido nessa área limitada, no nordeste da França.

Um ótimo espumante é vivo, firme e gracioso, podendo ser mais ou menos complexo.

O espumante degustado é enquadrado na categoria brut, com até 15 gramas de açúcar por litro, o que confere um caráter seco à bebida. Foi elaborado a partir de 1876, na região de Champanhe.

Nosso exemplar, elaborado com as uvas Chardonnay e Pinot Noir, apresenta todas as características de um ótimo espumante, além de possuir cor amarelo-dourada, perlage fina, persistente e ativa, com formação de um amplo colar no contorno da taça. No nariz, denota cítricos maduros, amêndoa, pão torrado e um toque de especiarias. Seu paladar apresenta boa acidez e fim de boca persistente de cítricos maduros, frutas secas e brioche. Tem 11,8% de álcool.

É um espumante do Rio Grande do Sul, da região da Serra Gaúcha, local hoje conhecido por produzir um dos melhores espumantes do mundo, com exemplares premiados nos concursos internacionais do setor.

As condições locais são muito propícias à produção do espumante: o solo é argiloarenoso e ácido, o clima é temperado, do tipo subtropical, mesotérmico úmido, no qual os verões são amenos e úmidos. Essas condições climáticas mantêm melhor a acidez, preservam aromas e conferem frescor ao produto final. Entre as variedades usadas para fazer a *assemblage* dos espumantes estão Chardonnay, Riesling Itálico e Pinot Noir. A maioria dos vinicultores usa o método Charmat, que fornece vinhos de boa acidez.

Branco Riesling

A casta Riesling é famosa no mundo inteiro por produzir vinhos brancos, dos muito secos aos muito doces, com um impressionante poder aromático – aromas frutados e minerais –, com viva acidez, dos leves aos encorpados.

É muito tradicional na região da Alsácia, tanto a alemã quanto a francesa. Mas também é comum na Áustria, na Austrália e nos Estados Unidos (Califórnia).

O Riesling eleito para a degustação foi um alsaciano francês. Essa região se encontra ao nordeste do país e é muito conhecida por seus vinhos brancos excelentes. Localizados entre 180 e 360 metros de altitude, os vinhedos da Alsácia recebem muito sol, poucas chuvas e a proteção das montanhas Vosges, local em que já no século II se produziam vinhos.

Como os bons vinhos brancos da Alsácia, nosso exemplar tem produção sob o comando da mesma família desde o século XVI. É um vinho de boa intensidade, vivacidade, acidez, frescor e estrutura. Detém bela cor amarelo-esverdeada, notas de frutas brancas maduras, pera e maçã, mas também de flores brancas e cítricos. Na boca, apresenta surpreendente vivacidade e persistência. Possui graduação alcoólica de 13,5%.

Tinto Pinot Noir

Para verificar a experiência da combinação de vinhos tintos com queijos, primeiro escolhemos uma bebida da categoria dos vinhos tintos leves, pouco tânicos, feitos para serem tomados bem jovens.

A casta testada foi a Pinot Noir chilena, cujas parreiras prosperam no Valle de Casablanca, localizado entre a cordilheira da Costa e o oceano Pacífico. O resultado é um mesoclima marcado por uma fresca brisa costeira, que retarda o período de maturação das uvas, proporcionando um perfeito equilíbrio entre o teor de açúcar e o de acidez. Essa é considerada a melhor região vinícola de climas frescos do Chile.

As uvas do vinho em questão são plantadas em solo argiloarenoso, com colheita manual e cuja fermentação ocorre em tanques de aço inoxidável, passando por um breve período em barrica. É um vinho tinto de médio corpo e intensidade, mas com aromas finos de frutas vermelhas maduras e especiarias, com paladar fresco. Possui graduação alcoólica de 14,5%.

Tinto Nero d'Avola

O segundo vinho tinto eleito para a compatibilização faz parte do estilo dos tintos encorpados e concentrados. São vinhos robustos como os grandes tintos franceses e italianos e alguns exemplares do Novo Mundo.

O adotado é da casta Nero d'Avola, da Sicília (mas poderiam ser outras uvas, como a Malbec), uma grande região produtora de vinhos na Itália. Antes rústicos e alcoólicos, atualmente despontam bons vinhos de caráter seco e mais moderno, a partir de uvas nativas e estrangeiras. O clima é mediterrâneo quente, com baixo índice de precipitações. As colinas gozam de uma diferença de temperatura diurna-noturna mais adequada às uvas, sendo também ligeiramente mais frescas e úmidas. Os solos são calcários, com presença de argila rica em ferro.

O Nero d'Avola selecionado tem boa densidade, é mais alcoólico, mais macio, enchendo a boca. É definido por um aroma intenso, com presença de fruta madura como cereja e amora. Possui mais tanino que o exemplar anterior.

Seus vinhedos de 16 anos são de cultivo orgânico certificado e as uvas são colhidas no ponto excelente de maturidade. A fermentação ocorre em cubas de inox termocontroladas, com longa maceração. Após a malolática, o vinho amadurece em barricas de carvalho por doze meses. É engarrafado sem filtração e permanece por um mínimo de 24 meses em garrafa antes da comercialização.

Madeira Boal (ou outros fortificados meio-doces)

A Ilha da Madeira produz diferentes tipos de vinhos fortificados, isto é, de graduação alcoólica elevada, que levam algum destilado para interromper a fermentação. Eles estão entre os melhores do mundo na sua categoria. Para produzir vinhos secos e doces, são utilizadas várias uvas brancas e muito potentes, de classes diversas, entre elas, respectivamente: Sercial, Verdelho, Boal e Malmsey (ou Malvasia). Os vinhos Madeira são divididos em lotes de acordo com o envelhecimento – de 3, 5, 10, 15, 20, 30, até mais de 40 anos. Há também os "datados", que apresentam o ano da colheita no rótulo: o Colheita precisa ter um mínimo de 5 anos de envelhecimento e o Frasqueiras ou Vintage, um mínimo de 20 anos.

Optamos por um Boal lote 10 anos, por estar no meio-termo entre seco e doce. A amostra usada tem grau de doçura, mas uma boa acidez e um perfil nervoso.

Porto (fortificado)

Pertencente à DOC Porto, esse é um modelo do estilo de vinhos fortificados doces, com graduação alcoólica mais elevada. Durante o processo de fermentação, o vinho do Porto recebe fortificação com a adição de aguardente vínica. Existe uma boa quantidade de uvas permitidas na elaboração do vinho do Porto; as mais importantes são Touriga Nacional, Tinta Roriz, Touriga Franca, Tinta Cão e Tinta Barroca.

Optamos por um bom e dourado Porto Fine Tawny, com aromas delicados de baunilha e frutas secas.

O vinho do Porto e seus principais estilos

Porto branco: seco, feito de uvas brancas. As demais categorias se referem aos tintos.

Ruby: a categoria básica representa o Porto mais jovem, com média de idade de 3 anos.

Tawny: uma *assemblage* de vários vinhos de idades diferentes e que envelheceram por mais tempo em barricas. As categorias superiores recebem as nomenclaturas de Fine Tawny ou Superior Tawny. Dentro do Tawny, ainda há as especificações (superiores) de indicação de safra, que vão de 10 a 40 anos.

Late Bottled Vintage (LBV): categoria entre o Tawny e o Vintage. Segue praticamente o mesmo estilo de um Vintage, com a diferença de envelhecer mais em madeira e apresentar menos extrato e concentração.

Vintage: o top de linha entre os Portos, feito de uma só colheita. Para ser declarado Vintage, precisa estagiar por dois anos em madeira e ainda passar pelo crivo do Instituto dos Vinhos do Douro e do Porto, e só será aprovado se for considerado excepcional. De grande potencial de envelhecimento, pode durar décadas, mas precisa ser guardado por pelo menos dez anos, a partir da data da colheita. Devido ao seu longo período de envelhecimento, cria sedimentos, o que torna necessária sua decantação antes de ser bebido.

Cerveja

Basicamente, a cerveja é uma bebida produzida a partir de cereais, leveduras, lúpulo e água. O cereal mais usado é a cevada maltada, que tem a função de se converter em açúcar e, por fim, em álcool. As leveduras desencadeiam a fermentação. O lúpulo, flor da espécie vegetal *Humulus lupulus*, confere a característica amarga, que contrabalanceia o açúcar do malte, atribui aromas cítricos e florais e, ainda, atua na formação do colarinho da bebida. Mas, dentre todos esses ingredientes, inclusive a água, há tantas variações que o mestre-cervejeiro pode ser considerado um verdadeiro artista.

Só para falar de cevada, cada uma das variedades tem um sabor, uma cor, um aroma e uma finalidade; portanto, sua escolha determinará boa parte da aparência e do paladar da cerveja. Se o desejo for por uma cerveja dourada, muitas vezes a escolha pode recair no malte Pilsen. O malte Pale Ale, seco em temperatura ligeiramente mais elevada, dará uma cor mais escura, combinada com leves toques de biscoito tostado.

O processo de produção do malte se inicia com as sementes da cevada sendo colocadas de molho até o princípio da germinação. Em seguida, são colocadas em uma estufa para secar.

Essa maltagem faz com que o amido contido nas sementes fique macio e pronto para a fermentação, liberando seus açúcares e seus aromas próprios. O interessante é que a singularidade de cada espécie de cevada é mantida durante a fermentação e se expressa no resultado final.

As matérias-primas da cerveja entram em um processo de maceração, em que os amidos são transformados em um líquido doce chamado mosto. Ele, então, será transferido para outro recipiente, com o lúpulo, e passará por uma etapa de fervura.

Na sequência, o mosto lupulado é resfriado e enviado a um tanque de fermentação, no qual, com adição de leveduras, se transforma em cerveja.

as grandes famílias

Claro que há especificidades nesse método de produção, o que gera pelo menos três grandes famílias divididas pelo método de fermentação: a família Ale, cervejas de alta fermentação, a Lager, cervejas de baixa fermentação, e a Lambic, cervejas de fermentação espontânea.

Deteremo-nos um pouco mais nas Ales, pois a maioria dos exemplares que escolhemos para degustação está dentro desse grande grupo.

O método Ale era o mais usado até o século XIX. No mundo das Ales, a também chamada "fermentação a quente" ocorre a uma temperatura entre 15 °C e 24 °C, em um curto período de cerca de cinco dias. Na etapa de alta fermentação, as leveduras vão à superfície. São desenvolvidos sabores mais complexos, frutados e lupulados da cerveja.

A maioria é encorpada, com nuances que podem variar do doce ao amargo e das claras às escuras. Entre os tipos, podemos destacar as cervejas Strong Golden Ale, Strong Scotch Ale, Belgian Blond Ale, American Pale Ale e Ale Trapista, usadas na degustação e cujos detalhes sobre cada uma o leitor poderá conhecer nas próximas páginas.

Não deixamos, no entanto, de escolher também um exemplar entre as Lagers, a Oktoberfest/Märzen. Vale ressaltar que a maioria das Lagers são cervejas de cor mais clara, alto teor de gás carbônico, sabor moderadamente amargo e baixo teor alcoólico, entre 3% a 6%. Elas são as mais consumidas no mundo, principalmente por conta da popularidade das Pilsen.

A primeira loira dourada

Pilsen, o estilo de cerveja mais popular do mundo, foi inventado em 1842, na região da Boêmia, atual República Checa. O autor foi o mestre-cervejeiro Josef Groll, da cervejaria Plzensky Prazdroj, hoje Pilsner Urquell. Ele mandou trazer leveduras Lager de Munique e, tendo aprendido a fazer maltes claros com os britânicos, aperfeiçoou ainda mais a técnica. Como resultado, obteve uma bebida de incrível e translúcida cor dourada, com a formação de um colarinho branco e macio. Foi uma verdadeira revolução no mundo cervejeiro. Logo a técnica passou a ser reproduzida em outras cervejarias da Alemanha, país que a aperfeiçoou, e, por conseguinte, foi difundida no restante da Europa e do mundo. Colaborou muito o advento da Revolução Industrial, que multiplicou o uso de copos de vidro, possibilitando que a maioria das pessoas abandonasse as canecas de cerâmica ou metal. Dessa forma, todos podiam ver brilhar em seus copos uma Pilsen gelada.

estilos degustados

Belgian Strong Golden Ale

Cremosidade não falta a essa cerveja, que levanta um colarinho branco denso, criando um belo efeito no copo e fazendo com que na boca se assemelhe a um espumante potente. Apesar de delicado no paladar, o estilo Belgian Strong Golden Ale, fabricado na Bélgica, se caracteriza pelo alto teor alcoólico, entre 8% e 9,5%. É, portanto, uma cerveja encorpada, seca, com ricos aromas frutados e com presença de lúpulo.

Há predomínio de amargor, que é agradável, pois se alia perfeitamente com os maltes muito claros, cozidos superficialmente, o que diminui os característicos sabores de pão, fermento e maltes torrados. Sua cor dourada lhe atribui um corpo com clareza e brilho.

À mesa, acaba sendo muito versátil, lidando inclusive com queijos fortes e picantes, até porque sua carbonatação refresca e limpa o paladar.

A mãe das Belgian Strong Golden Ale

Emblemática, a Duvel é tida como a pioneira desse estilo. Sua fabricação data de 1871, pela cervejaria familiar Moortgat, na cidade de Breendonk, na Bélgica. De caráter forte, teor alcoólico alto, de 8,5%, cor dourado-clara, é servida em uma taça tulipa grande, alta e bojuda, muito maior do que a garrafa. Isso para abrigar com conforto seu enorme colarinho.

Saint Feuillien

No século VII, em plena Idade Média, um monge irlandês chamado Feuillien resolveu angariar fiéis no continente europeu. Por questões religiosas, acabou sendo morto na cidade belga de Le Roeulx. Para render-lhe homenagem, seus discípulos ergueram um mosteiro com o nome de Abbaye St. Feuillien Du Roeulx, que desde esse período passou a produzir cerveja. Mas a fabricação se tornou mais elaborada com a entrada da família belga Friart, em 1873, que se associou aos religiosos para produzir e comercializar a cerveja. Lá se vão quatro gerações desenvolvendo Ales que passam por uma segunda fermentação na própria garrafa, como os vinhos espumantes. É o caso da Grand Cru Speciality Beer, que mostra aromas ricos e espuma consistente e leve.

Strong Scotch Ale, Wee Heavy

A Escócia, com sua paisagem de beleza natural deslumbrante, emoldurada pela zona montanhosa das Highlands, não se destaca só por ser a terra do uísque. Quando este surgiu, no século XV, já se produzia cerveja no país havia um bom tempo. Aliás, vale dizer que as duas bebidas têm em comum o uso do malte na fabricação.

Desde o início da Idade Média os mosteiros locais produziam suas cervejas. No século XV, ergueram-se fábricas e, no início do século XIX, estas passaram a atender o mercado externo, composto por Europa, América do Norte, Caribe e Índia.

A cerveja escocesa tem muitas especificidades. Os longos e rigorosos invernos provocam fermentações lentas e frias, nas quais são utilizadas variedades de levedura Ale resistentes a temperaturas muito baixas. As condições climáticas não são tão propícias para o lúpulo, mas, por outro lado, são ótimas para o malte, o que torna esse ingrediente dominante. Antigamente, uma forma de contrabalancear essa doçura residual era misturar especiarias, ervas e raízes. Depois, passaram a importar lúpulo, mas este era usado com parcimônia e para conservação. O ambiente também prolongava o período de fermentação – em vez de dias, durava semanas, com longo armazenamento antes de ir para o mercado.

O estilo Scotch Ale passou a se caracterizar como uma bebida escura, encorpada, com amargor moderado, mantendo seu paladar pronunciado do malte, com leves aromas frutados e doçura residual. A Wee Heavy tem ainda teor alcoólico mais alto, a partir de 7%, com sabor caramelado e tostado. Há produção desse tipo de cerveja nos Estados Unidos e também existe uma boa versão brasileira.

Belgian Blond Ale

Com a invenção da Pilsen, no século XIX, o mundo cervejeiro ficou alvoroçado para concorrer com essas loiras refrescantes. Na Bélgica, foi inventado o estilo Belgian Blond Ale, uma cerveja mais clara e menos amarga que as tradicionais do país, porém mais artesanal, complexa, perfumada e cremosa, com equilíbrio entre teor alcoólico, lúpulo e malte.

Empregando o aromático malte Pilsen belga, é uma cerveja de teor alcoólico por volta de 5% e corpo médio-alto.

Na aparência, apresenta-se dourada e límpida. Seu colarinho, branco, denso, persistente, imprime vivacidade. Sua efervescência de médio-alta a alta dá uma sensação de preenchimento da boca.

Possui aromas de malte, frutado, terroso, com caráter de levedura que se assemelha à laranja e ao limão. Seu sabor é levemente adocicado, lembrando mel, uma particularidade do malte Pilsen. Exprime final levemente picante, seco e alcoólico.

Blond Ale de Abadia

Concebida pela Moortgat, de Breendonk (a mesma cervejaria da Duvel), existe uma linha de cervejas de abadia beneditina, com produção supervisionada pelos monges, chamada Maredsous. Entre os tipos fabricados, destaca-se a Maredsous Belgian Blond Ale, cujo creme persiste na taça por um bom tempo. Seu aroma lembra frutas mais maduras como pêssego em calda, damasco e mel. Ressalta-se também a acidez da levedura e do álcool. Fundado em 1872, o mosteiro também faz queijos, como meia cura, defumado e fresco.

American Pale Ale

Entre os anos de 1970 e 1980, as cervejarias da Califórnia, por questões econômicas, passaram a substituir a elaboração das Lagers pelas Ales. Mas o malte e o lúpulo americanos eram diversos dos ingleses, sua fonte de inspiração. Importar implicaria custos altos. O jeito foi assumir a peculiaridade dos maltes e lúpulos da América do Norte.

Assim, os mestres-cervejeiros se defrontaram com maltes de sabores mais puros e leves, em contraponto aos tostados alemães e ingleses.

Quanto ao lúpulo, a bebida conta com amargor pronunciado demais para os padrões europeus. Mas os cervejeiros americanos resolveram encarar e dar um caráter todo especial às suas cervejas.

Eles acabaram adotando o lúpulo Cascade, cultivado no vale de Yakima, no estado de Washington – trata-se de uma mistura da variedade inglesa Fuggle, de aromas terrosos, com um lúpulo selvagem americano. Ele é rico em aromas cítricos de toranja, com notas de groselha preta. Juntaram-se a ele mais dois exemplares, o Chinook e o Centennial, para formar o *blend* do estilo californiano American Pale Ale, o que gerou um líquido de cor entre o dourado e o acobreado, com aromas intensos, paladar seco e corpo médio. A sensação de um amargor mais forte é seguida por notas frutadas e maltadas, com caráter cítrico de lúpulo americano e final seco e limpo.

Seu vivaz amargor é capaz de passar por cima de muitos queijos, como pudemos perceber; no entanto, suporta bem pratos condimentados, apimentados e com aromas cítricos.

Referência em American Pale Ale

Uma das cervejas mais conhecidas, que serve de modelo nesse estilo, é a Sierra Nevada Pale Ale. De seu início modesto, na década de 1980, a cervejaria Sierra Nevada saltou para a liderança em pouco tempo. Apesar do característico amargor, sua cerveja apresenta paladar redondo, seco, com carbonatação suave e sabores de cereais e pão, com final residual de lúpulo.

Oktoberfest/Märzen (ou outras Lagers)

Em 1841, o influente cervejeiro vienense Anton Dreher lançou uma nova cerveja, de cor laranja-amarelada e espesso caráter maltado, com sabores de tostado e nozes. Essa foi uma verdadeira inovação em tecnologia de maltagem que não se limitou à cervejaria alemã, pois mudou o conceito das Lagers em geral – estas, até então, eram essencialmente escuras e defumadas; a Pilsen só surgiria no ano seguinte.

O processo de produção envolve a germinação da cevada e, em seguida, o cozimento dos maltes Viena e Munique, convertendo parte do amido em açúcar. Os maltes são depois caramelizados em torrefação leve, dando à cerveja cor e gosto muito particulares.

Na sequência, a cervejaria Spaten, de Munique, na Alemanha, aproveitou esse novo malte para desenvolver a Märzenbier, ou seja, a "cerveja de março". Isso porque antes da refrigeração mecânica os cervejeiros costumavam fabricar as cervejas em março e armazená-las em caves, usando gelo, para ser apreciada em setembro e outubro, nos meses da Oktoberfest.

A Märzen apresenta coloração acobreada, é delicada, redonda na boca, de leve doçura e intensos sabores e aromas tostados, com cerca de 5,6% de teor alcoólico. Seu amargor estável contrabalanceia a doçura maltada.

Assim, como se pode perceber, as originais Oktoberfest/Märzen surgiram com processos e sabores semelhantes, embora a primeira seja mais clara. Elas apresentavam gosto de caramelo e final seco e fresco, que lembra pão.

Com o tempo, muitas cervejas Oktoberfest/Märzen acabaram se rendendo a um gosto internacional mais estandardizado, ficando mais douradas, com malte menos caramelizado e vivaz. Mas as autênticas, que geralmente levam no rótulo "Oktoberfest/Märzen", ainda continuam sendo produzidas.

Festa de outubro

A primeira Oktoberfest ocorreu em 1810 com o casamento real de Luís I, da Baviera, com a princesa Teresa, da Saxônia. Todos os moradores foram convidados e abarrotaram o parque Theresienwiese, em Munique, local em que ocorre até hoje essa festa secular. Por questões políticas e bélicas, algumas edições do evento deixaram de ser realizadas, mas desde 1945 ele tem acontecido todos os anos, com muitas barracas de cervejas e diversão, transformando-se no maior festival de cervejas do mundo. A Oktoberfest é tão respeitada, que os mestres-cervejeiros de Munique vestem um manto de arminho para comparecer à abertura.

A população tem tanto carinho pela festa, que os imigrantes alemães espalhados pelo planeta levaram essa tradição na bagagem.

No Brasil, esse costume foi adotado no início do século XX, mas ficou mesmo popular a partir da década de 1980. A Oktoberfest de Blumenau, cidade de forte influência germânica no estado de Santa Catarina, só perde em visitação para Munique.

Na vanguarda da refrigeração

No século XIX, a cervejaria Paulaner foi pioneira em refrigeração e energia a vapor. A Paulaner Oktoberfest/Märzen ainda preserva seu caráter original, com atraente cor âmbar clara e aroma maltado de tostado, tipicamente alemão.

Trapista

Falar em cerveja Trapista é ainda mais expressivo que citar Apelação de Origem Controlada em vinho: somente as autênticas cervejarias trapistas, com produção dentro dos limites dos mosteiros, podem usar esse termo e colocar no rótulo "Authentic Trappist Product".

Não restam muitas cervejarias genuinamente trapistas. A maioria está na Bélgica: Chimay, Westmalle, Orval, Rochefort, Achel e Westvleteren.

Complexas, as Ales Trapistas não formam apenas um estilo de cerveja, mas sim uma linhagem de dezenas de tipos que, por sinal, influenciaram na produção de muitas cervejas não só na Bélgica.

Todas têm estilo Ale e são fortes, frutadas, condimentadas, terrosas, aromáticas e gastronômicas. Elas tendem para um sabor adocicado, embora algumas sejam secas. A maioria é escura, mas quatro são claras.

Há algumas Trapistas difíceis de encaixar em uma categoria. A Dubbel e a Tripel, no entanto, acabaram se tornando estilos marcantes. Não se sabe ao certo, mas parece que esses nomes vêm do fato de os barris serem marcados antigamente com "X", "XX" ou "XXX", em uma ordem ascendente de teor alcoólico.

De qualquer forma, cada tipo é tão particular que não tem como errar. As Dubbels têm cor marrom-ferrugem profunda e um teor alcoólico de 6,5% a 7%. São fabricadas com maltes claros e escuros, incluindo ainda açúcar-cândi escuro, de cana ou de beterraba, caramelizado. Como consequência, emergem sabores de caramelo e aromas de ameixas, chocolate e especiarias. O corpo é médio, com paladar adocicado no centro, e acaba seco. O amargor vai de leve a moderado.

Já as Tripels, mais discretas na aparência, mostram-se robustas no teor alcoólico de 9%. Elas têm uma cor brilhante, laranja-dourada, colarinho branco firme, aromas levemente lupulados, frutados e condimentados. Seu paladar é estimulante e ligeiramente maltado, com alguma doçura no centro e um final seco. O amargor é contido, mas pronunciado. As Tripels são fabricadas com maltes claros e açúcar-cândi branco.

Chimay

A Chimay, a mais célebre das Trapistas, nasceu na abadia Notre-Dame de Scourmont, fundada em 1850, nos arredores da cidade de Chimay. Os monges iniciaram a produção da cerveja em 1862.

Os abades fabricam três tipos de cervejas, baseadas em maltes belgas locais, açúcar-cândi e lúpulos alemães e americanos: a Chimay Rouge (vermelha), no estilo Dubbel, com teor alcoólico de 7%; a Chimay Bleu (azul), a mais conhecida, também mais forte e escura, com 9% de álcool, cor marrom-avermelhada, é uma versão concentrada da Chimay Rouge e traz o ano de produção no rótulo; e a Chimay Blanche (branca), dourada, com colarinho branco, aroma vivo de lúpulo, seca, marcante, com sabor de açúcar caramelizado, acidez refinada e teor alcoólico de 8%, no estilo mais próximo da Tripel.

Todas são bem secas, com notas de noz-moscada e certa picância. Revelam um pouco de doçura por conta dos aromas de frutas escuras. Armazenadas na garrafa, em virtude de suas leveduras vivas se tornam mais frutadas e secas com o tempo. Uma curiosidade é que o mosteiro, além de produzir cerveja, cria vacas e fabrica o queijo também chamado Chimay.

Ales de Abadia

Se há alguma abadia envolvida, a bebida não precisa necessariamente ser Trapista: no passado, os beneditinos e outras ordens monásticas também fabricavam cerveja. Quando uma cerveja leva o nome de um santo (ou de uma abadia que não fabrica cerveja), é chamada de Abbey Ale ou Ale de Abadia.

Há inclusive cervejarias que se inspiram no nome de mosteiros extintos há séculos. Elas quase sempre imitam os sabores característicos das cervejas Trapistas originais, e, apesar disso, muitas Ales de Abadia são excelentes.

330ml

Serviço

Queijos

como comprar

Para desfrutar de um bom queijo, ele deve ser de qualidade. Dada a grande quantidade de tipos e marcas que existem no mercado, é complicado acertar. Por isso é aconselhável a ajuda de um especialista.

Nas estantes refrigeradas de grandes supermercados, a diversidade é mais reduzida, pois a maioria são produtos de origem industrial.

No Brasil, as poucas lojas especializadas que existem muitas vezes são limitadas por variedades importadas, uma vez que, por questões de legislação, a maioria dos queijos de leite cru – por motivos de higiene sanitária da Anvisa – é impedida de circular fora de seu município ou estado, fazendo com que uma boa parte dos verdadeiros queijos tradicionais brasileiros não chegue às gôndolas.

Um apreciador de queijos geralmente analisa sua qualidade avaliando quesitos como aroma, qualidade da pasta, grau de maturação e casca. Para isso, deve se utilizar dos cinco sentidos: visão, olfato, audição, tato e paladar.

A parte externa do queijo já revela alguns dados sobre seu interior. A forma deve ser regular, a superfície e os lados não devem estar afundados nem inchados (estufados). A casca não pode mostrar rachaduras, deve envolver todo o queijo e conservá-lo fechado.

Nos queijos de mofo branco, o mofo deve envolver de forma regular todo o queijo. O mofo pode ter cor branca, creme ou até amarelo-ocre, dependendo da maturação. Em nenhum caso deve apresentar cores diferentes das citadas. A massa também deve exibir a consistência característica do tipo de queijo na superfície do corte.

A qualidade de um queijo também pode ser determinada por meio da audição. Basta conhecer o som característico que é emitido ao se golpear com o punho, o dedo ou um martelo, a casca de um queijo relativamente duro e curado de forma ótima. Um som oco, por exemplo, significa a existência demasiada de cavidades (olhaduras ou estufado). Se o som é seco e fraco, provavelmente o queijo é bem prensado e tem a massa compacta. Nos queijos de massa mole é possível comprovar a elasticidade da massa e o estágio de maturação pressionando-se a casca com os dedos: quanto mais ela ceder, mais curado está o queijo; quanto mais elástica, mais fresco.

O olfato e o paladar revelam muito sobre o queijo. Para se fazer a avaliação, é importante que ele não esteja demasiado frio, pois desse modo os aromas não terão se desenvolvido completamente. O melhor é fazer a degustação uma hora depois de retirá-lo da geladeira.

No queijo se diferenciam os perfumes lácteos agradáveis e intensos, frescos, doces e ácidos. Alguns tipos também desprendem um característico cheiro de mofo, ervas aromáticas ou cogumelo. Por mais distintos que sejam os aromas dos queijos, o cheiro do leite utilizado sempre deve ser notado, pois cada tipo, seja de vaca, cabra, ou ovelha, tem sua especificidade, nunca devendo desprender aromas amoníacos, de batata ou ovo podre.

Por meio das papilas gustativas da língua, podemos apreciar os sabores doces, ácidos, salgados ou amargos. Os distintos componentes aromáticos e de sabor do queijo reúnem-se no céu da boca e sobre a língua, provocando uma sensação prazerosa.

como conservar o queijo

O queijo é um produto natural vivo, que matura continuamente a partir do dia de sua produção. Gosta de ambientes frescos e de temperaturas constantes, sem oscilações. A sua gordura é fotossensível, pois a ação da luz pode mudar o seu sabor. Por essa razão, deve sempre estar preservado da luz intensa direta.

Dado que a maioria das casas hoje em dia não dispõe de uma despensa ou adega climatizada, na falta desse ambiente ideal, o queijo deve ser guardado na geladeira. Mas, para desfrutar de todo o seu aroma e sabor, ele deve ser retirado da geladeira com pelo menos uma hora antes do consumo. Só é preciso ter um pouco de cuidado com o queijo tipo Boursin quanto ao tempo que ele deverá permanecer em temperatura ambiente, devido à sua consistência. Esse tipo deve ser retirado da geladeira bem próximo do momento do consumo e não deve ficar exposto diretamente ao ar, pois isso compromete sua qualidade.

A umidade no armazenamento pode influenciar na qualidade do queijo, assim como as temperaturas instáveis. As oscilações de temperatura provocam umedecimento na superfície. Com calor excessivo, o queijo matura rápido demais. Temperaturas muito altas propiciam formação de mais bactérias indesejáveis e o queijo também pode adquirir um sabor mais amargo. Apesar de tudo isso, uma temperatura muito baixa também pode azedar o sabor do queijo. Durante o armazenamento, ele deve estar protegido para evitar o ressecamento.

O ideal para a maturação do queijo é mantê-lo com uma umidade entre 75% e 90%. Na geladeira, o melhor lugar é a gaveta para guardar as verduras, pois a temperatura não é tão fria e a umidade é mais alta.

Com armazenamento à temperatura entre 3 °C e 9 °C, o queijo adquire o ponto máximo de maturação no final do prazo de validade determinado pelo produtor. Em armazenamento muito frio, o processo de maturação é interrompido.

Caso o queijo fique por muito tempo dentro da geladeira, é possível que alguns fungos se desenvolvam na parte externa, inclusive na massa comestível. Para fazer a higienização dele antes de consumi-lo, basta eliminar os fungos indesejados na parte da massa comestível e seguir consumindo o queijo.

como cortar

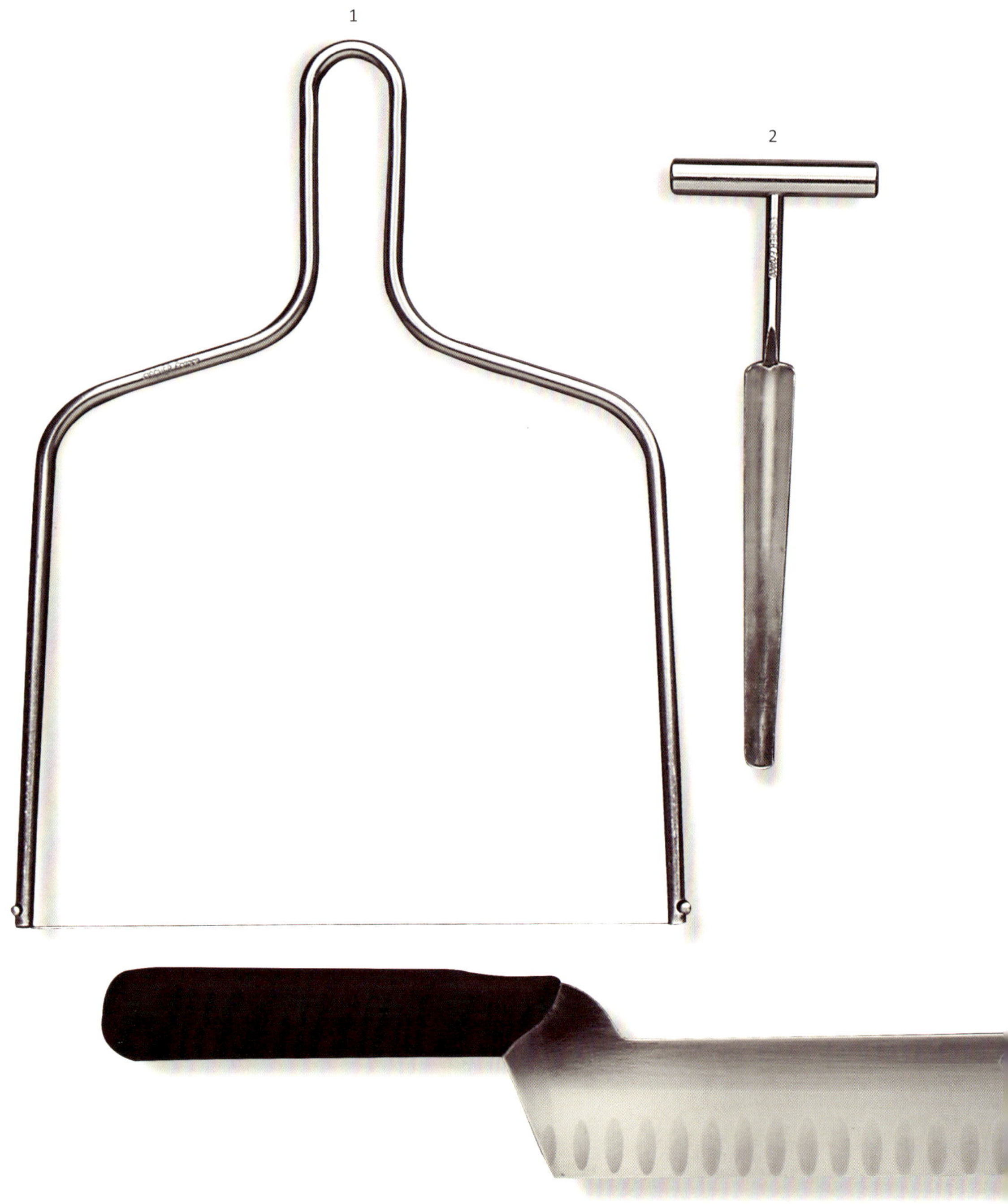

(1) Lira; (2) sonda; (3) machadinho; (4) faca aperitivo; (5) faca com buracos; (6) faca de chef; (7) guilhotina.

Lira

Utilizada para queijos cremosos. O corte é feito ao centro; depois, em triângulos.

Sonda

Instrumento usado por profissionais (mestres-queijeiros) para verificar a maturação do queijo. Retira-se um pequeno pedaço fazendo o movimento de rolha, degusta-se e se devolve a parte não utilizada.

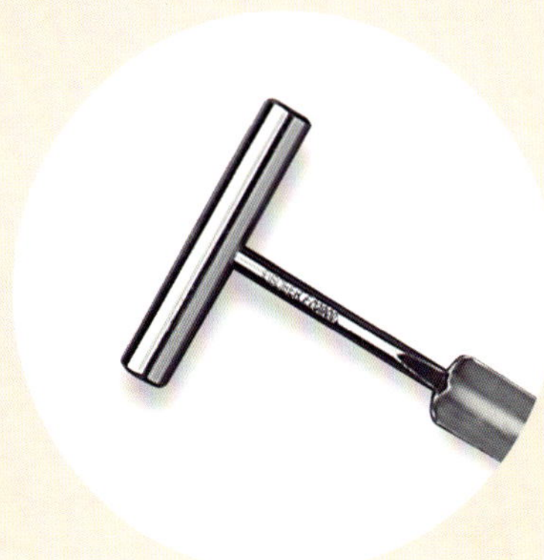

Machadinho

Usado para meia cura e para quebrar o Parmesão, cavando-o.

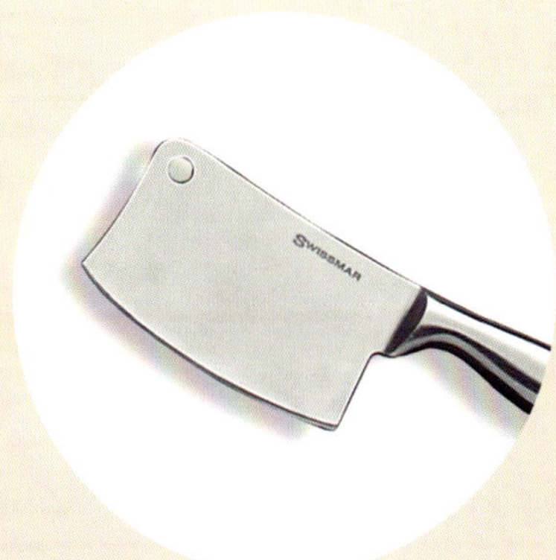

Faca aperitivo

Para cortes de queijos usados como aperitivo (frescos e meia cura). Ela tem um garfinho na ponta para servir.

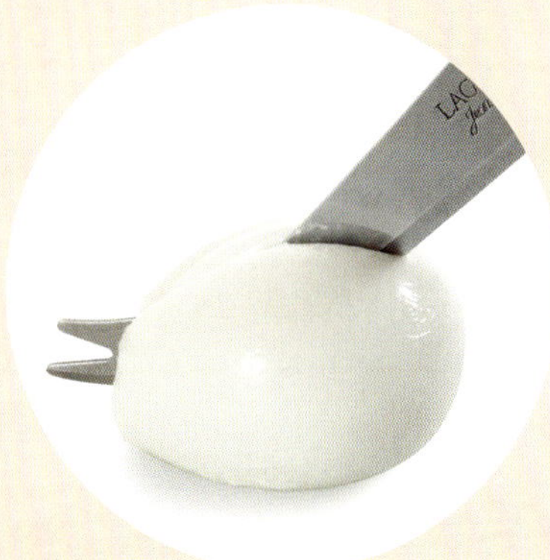

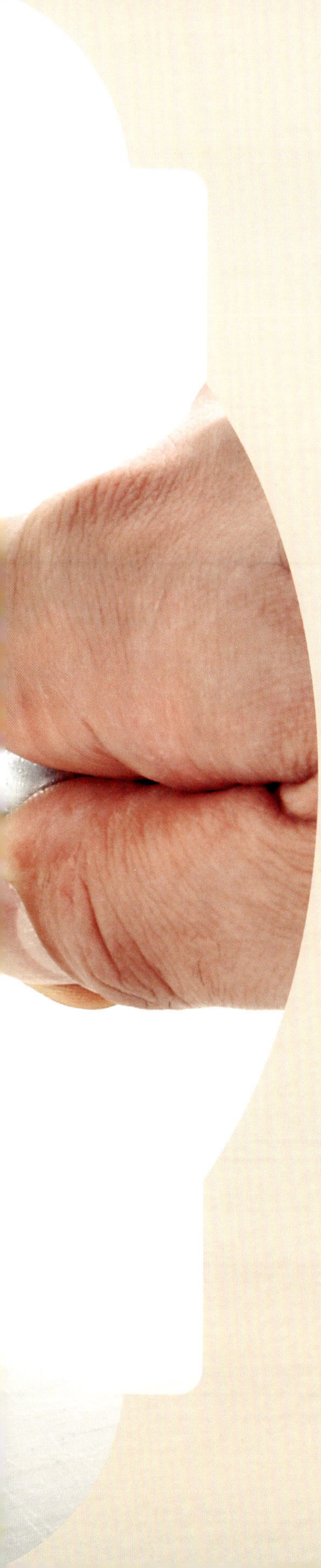

Faca com buracos

Pode substituir a lira. Seus buracos evitam que o queijo grude na superfície da faca.

Faca de chef

Por ser versátil, é a faca mais usada. O corte é feito em meia lua, depois em cunha (triangular) e, em seguida, em pequenos pedaços.

vinho

Caso não tenha em casa todos os copos citados a seguir, vale uma dica: o ISO é um copo padrão que serve para abrigar todos os estilos. É importante observar a transparência do cristal para a apreciação perfeita da cor. Hastes longas permitem segurar a taça sem interferir na temperatura da bebida.

Bordeaux

Copo alto, de borda estreita e grande volume, usado para os tintos ricos em taninos. Ideal para Cabernet Sauvignon, Cabernet Franc, Merlot, Syrah, Bairrada, Tannat e a casta italiana Nero d'Avola.

Bourgogne

O amplo formato de balão permite que o buquê se libere mais rapidamente. Ideal para vinhos feitos de Pinot Noir, Rioja tradicional, Nebbiolo, Barbera Barricato e Amarone.

Flûte

A taça flûte é uma das mais adequadas para se tomar o espumante. Quanto mais bojo ela tiver, melhor, pois se ela for reta no sentido longitudinal, não realçará os aromas.

Espumante ideal

Atualmente alguns especialistas têm preferido usar uma taça mais aberta, com mais volume, para que a bebida possa se expressar plenamente.

Copo de Porto

Adequado para dosagens menores e vinhos como Porto, Madeira doce, Jerez doce, Marsala e Banyuls.

Copo degustação ou ISO

É um copo curinga, usado para qualquer tipo de vinho, pois intensifica e ressalta suas características mais marcantes. Muito semelhante ao do Porto.

cerveja

De modo semelhante ao dos vinhos, cada cerveja tem seu copo próprio, que realça adequadamente sabores e aromas, e mantém a espuma na consistência e na altura próprias para cada estilo.

Copo cálice

Ótimo para alojar as grandes cervejas Trapistas belgas, assim como as Belgian Blond Ale. Seu desenho mantém a plenitude do creme e faz com que aflorem os aromas complexos e ao mesmo tempo delicados dessas cervejas. Também pode ser usado para as Dubbels e Tripels.

Taça flûte de cerveja

A complexidade e a perlage da Belgian Strong Golden Ale pede uma taça flûte de cerveja mais aberta, arredondada, para que possa se expressar com toda a sua elegância, efervescência e denso colarinho branco. Se preferir, pode usar ainda o excelente copo Duvel, bem aberto, que favorece toda a explosão aromática e plenitude de espuma dessa cerveja.

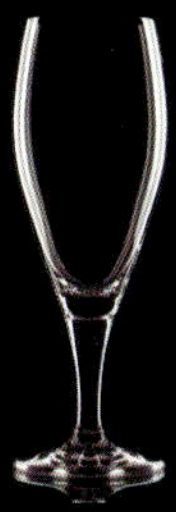

Copo pint

Tradicional dos pubs ingleses e irlandeses. É o copo típico da cerveja Guinness e que também vai bem com a cerveja do estilo American Pale Ale.

temperatura de serviço

A temperatura adequada é fundamental para uma boa apreciação das bebidas. É importante notar que existe um limite máximo de temperatura e também um mínimo: temperaturas abaixo de 6 °C anestesiam as papilas gustativas.

cachaça

Para não "queimar" a boca, as cachaças brancas (prata) são normalmente servidas mais frescas, entre 12° C e 20° C, e as mais armazenadas, entre 18° C e 23° C.

vinho

Uma das regras para o serviço de vinho é a temperatura adequada, que, para os tintos, deve ser entre 15 °C e 22 °C, conforme o estilo. Acima desse limite, o vinho perde suas qualidades, seu equilíbrio e a sensação aromática da fruta, liberando um aroma agressivo de álcool. Temperaturas mais baixas ressaltam os taninos e o sabor frutado. Desse modo, existe uma temperatura adequada para cada tipo de vinho.

Tintos: 15 °C a 22 °C.

- 15 °C a 17 °C – para tintos mais leves.
- 18 °C a 22 °C – para tintos mais encorpados.

Brancos: 7 °C a 13 °C.

- 7 °C a 10 °C – para a maioria dos brancos secos.
- 10 °C a 13 °C – para brancos mais complexos, como os melhores Borgonhas.

Rosados: 6 °C a 12 °C.

Brancos doces (sobremesa): 6 °C a 13 °C.

Espumantes: 7 °C a 13 °C.

cerveja

No Brasil, existe o hábito de tomar cervejas – normalmente tipo Pilsen ou Oktoberfest/Märzen – "estupidamente geladas". Mas, como já vimos, abaixo de 6 °C nossas papilas são anestesiadas, impedindo que possamos sentir as nuances de sabores da bebida. Sem falar que existe uma gama de cervejas mais encorpadas, cuja complexidade só poderá ser percebida a temperaturas um pouco mais altas.

Trapista: 14 °C a 18 °C.

- Chimay Blanche – a temperatura pode diminuir até 10 °C.

Belgian Strong Golden Ale: 8 °C a 12 °C.

Strong Scotch Ale Wee Heavy: 8 °C a 12 °C.

Belgian Blond Ale: 5 °C a 7 °C.

American Pale Ale: 5 °C a 7 °C.

Oktoberfest/Märzen: 6 °C a 9 °C.

Mesas de queijos e bebidas

mesa de queijos e cachaças

Escolhemos o tema "boteco" para compor esta mesa bem brasileira: cachaça, queijo curado, Provolone e um exemplar do estilo Brie feito no Brasil, o Tomme. Claro, não faltou um meia cura mineiro, usado também na receita desse autêntico pão de queijo. Como no boteco a ideia é bebericar e petiscar com os amigos, sem compromisso e pressa, sugerimos ainda petiscos como espetinho de queijo fresco com tomatinhos e picles de abobrinha. Boas cachaças brancas e armazenadas se afinam com essa composição.

Aqui vale dizer que usamos o típico copo shot mais pelo charme e imaginário que carrega da "branquinha". Lembrando que os copos ideais estão citados no capítulo sobre o serviço das bebidas.

mesa de queijos e vinhos

Para aquela mesa de queijos que muitos adoram fazer no inverno, o vinho provavelmente é o melhor caminho. Para ficar elegante, busque focar nas estrelas da festa, no caso, espumante, vinho branco Riesling, Madeira Boal e vinho do Porto. Note que não há um tinto, e fizemos isso de propósito: confirmamos, em degustação, que ele não é o mais apropriado para essa aliança. Quanto aos queijos, vão muito bem o meia cura, o curado (estilo Parmesão), o azul e o Tomme (estilo Brie). São bons companheiros os embutidos, como as nossas linguiças brasileiras Real Bragança ou Blumenau. Em perfeita harmonia, casam bem ainda com a suavidade de frutas secas como tâmaras, damascos, uvas-passas e castanhas, como a castanha-do-pará e a castanha-de-caju, e peras. Se quiser, disponha também potinhos de geleias de frutas brasileiras como pequi, açaí, tamarindo e araticum.

mesa de queijos e cervejas

Quando se pensa em cerveja no Brasil, logo vem a imagem do verão. Assim, nossa mesa tem as cores e as luzes da estação mais quente do ano. É composta por uma bela salada com queijo tipo Boursin (de cabra) e frutas tropicais como carambola, jabuticaba e caju. Optamos por estilos de queijo e cerveja que identificamos entre os melhores para essa aliança: os queijos curados, Azul do Bosque (estilo Roquefort) e o Tomme, com as versáteis cervejas Belgian Strong Golden Ale e Strong Scotch Ale, e o contraponto da American Pale Ale.

Glossário

Acidificação: é uma das técnicas de coagulação do leite, obtida através de fermentação láctea ou adição de ácidos ao leite.

Animal: o termo para vinhos diz respeito ao aroma terciário da evolução aromática, que lembra carnes de caça. Para queijos, são também aromas evoluídos que lembram o curral e o animal do qual foi produzido. (Ver também Apelação de Origem Controlada.)

Apelação de Origem Controlada (AOC): também chamada de **Denominação de Origem Controlada**, diz respeito a produtos provenientes de regiões claramente determinadas pelas condições de clima, geografia e tradição. Essas localidades possuem regulamentação oficial que as protege.

***Assemblage*:** do francês "mistura", são vinhos elaborados com mais de uma uva. Também são chamados de vinhos de "corte". O termo também é empregado para outras bebidas, podendo ser chamado de *blend*.

Ataque: termo de degustação que se refere à sensação inicial, em boca, ao se provar uma bebida.

Carbonatação: Reação química entre CO_2 e H_2O empregada no processo de fabricação da cerveja. Produz as borbulhas dessa bebida.

Dessorar: retirada do soro do queijo até que este ganhe consistência firme.

Fermentação maloláctica: fermentação usada em alguns vinhos, induzida por bactérias que transformam o ácido málico em ácido lácteo, diminuindo a acidez e deixando o vinho mais macio em menos tempo.

Indicação Geográfica: diz respeito ao local que tem características particulares para produzir determinado produto de excelência. Esses produtos são defendidos pela legislação.

Organolépticas (características): ligadas aos sentidos, como tato, visão, olfato e paladar. É uma forma de avaliar produtos alimentícios e bebidas.

Perlage: são as borbulhas do espumante produzidas pelo gás carbônico, durante a segunda fermentação da bebida.

Tanino: substância natural presente em algumas plantas, como na casca da uva e em algumas árvores que produzem tonéis, que confere um sabor adstringente.

***Terroir*:** é um conjunto de características de solo, clima, vegetação, geografia e tradição de um determinado lugar, que se inter-relacionam e determinam a peculiaridade do produto.

Umami: além de doce, salgado, azedo e amargo, que conseguimos perceber no palato, no início do século XX foi descoberto o "quinto sabor", o umami, presente em uma substância química chamada de glutamato de sódio, que compõe o *kombu* (alga). O umami encontra-se também em alimentos como tomates, cogumelos, queijos, carnes e frutos do mar.

Bibliografia

BEATO, Manoel. *Guia de vinhos*. São Paulo: Larousse do Brasil, 2010.

BOTKINE, Françoise *et al*. *Quesos del mundo*. Balderas: Editorial Limusa, 1994.

CHAVES, Guta; FERRAZ, Rodrigo & FREIXA, Dolores. *Expedição Brasil gastronômico*. São Paulo: Melhoramentos, 2013.

CHAVES, Guta & FREIXA, Dolores. *Gastronomia no Brasil e no mundo*. Rio de Janeiro: Senac Nacional, 2008.

DIAS, João Castanho. *Uma longa e deliciosa viagem: o primeiro livro da história do queijo no Brasil*. São Paulo: Barleus, 2010.

ENGELMANN, Brigitte. *Manual gourmet del queso*. Potsdam: H.F. Ullmann, 2008.

HARBUTT, Juliet. *O livro do queijo*. São Paulo: Globo, 2009.

INSTITUTO BRASILEIRO DA CACHAÇA (IBRAC). Disponível em http://www.ibrac.net/.

LAROUSSE DO VINHO. São Paulo: Larousse do Brasil, 2007.

MASUI, Kazuko & YAMADA, Tomoko. *Quesos franceses*. Barcelona: Ediciones Omega, 1997.

MICHELSON, Patricia. *Cheese*. Londres: Jacqui Small, 2010.

OLIVER, GARRETT. *A mesa do mestre-cervejeiro*. São Paulo: Senac São Paulo, 2012.

SIMON, Joanna. *Vinho e comida: um guia básico e contemporâneo das melhores combinações de vinho e comida*. São Paulo: Companhia das Letras, 2000.

TRINDADE, Alessandra Garcia. *Cachaça, um amor brasileiro*. São Paulo: Melhoramentos, 2006.

Agradecimentos

Agradecemos a gentileza e a atenção do especialista em cerveja Cassio Piccolo e seus sommeliers de cerveja Fabiano Bellucci e Cleber Ferreira de Souza, que nos forneceram informações preciosas; e o acompanhamento e as sugestões de Juliana Reis, do Senac São Paulo. Agradecemos também o apoio do Instituto Brasileiro da Cachaça (Ibrac) e da Gerência de Desenvolvimento do Senac São Paulo.

Também gostaríamos de agradecer o apoio recebido de:

Bebidas

CASA FLORA.
(11) 3327-5199, (11) 3327-5188.

CHANDON BRASIL.
(11) 3062-8388;
http://www.chandon.com.br/

DECANTER.
(47) 3326-0111, (11) 3760-0000.

DE LA CROIX.
(11) 3034-6214.

MISTRAL.
(11) 3372-3400.

SOLUTION.
(11) 3062-3638;
http://solutioncoml.com.br/.

FRANGÓ BAR.
(11) 3932-4818;
http://frangobar.com.br/.

Copos

ZWILLING J.A. HENCKELS BRASIL.
(11) 3087-3736;
http://www2.zwilling.com/pt-BR/.

RUVOLO.
(11) 4646-3520;
http://www.ruvolo.com.br/.

Sobre os autores

Bruno Cabral é formado pela Escola de Gastronomia de Barcelona, Espanha. Fez especialização em produção de queijos, em curso ministrado pelo governo da Catalunha, em 2009. Em 2011, de volta ao Brasil, abriu a Mestre Queijeiro, empresa que divulga os diferentes tipos de queijos artesanais brasileiros. Em 2013, foi o primeiro jurado sul-americano no World Cheese Awards, maior concurso de queijos do mundo, realizado em Birmingham, Inglaterra. Em 2014, montou o Primeiro Prêmio Queijo Brasil, com o apoio do Senac São Paulo e do Movimento Slow Food.

Manoel Beato é chef-sommelier do grupo Fasano, em São Paulo, desde 1992, gerenciando cerca de 5 mil garrafas. Tem formação de barman e sommelier, e especialização pelo Bureau Interprofessionnel des Vins de Bourgogne, França. Seu currículo inclui viagens às grandes regiões vinícolas do mundo e realização de cursos, palestras e consultoria especializada. Apresenta o programa *Adega Musical*, na Rádio Estadão. É considerado pela crítica um dos melhores sommeliers do Brasil.

Este livro foi composto com as fontes Schneidler BT e Armonioso,
impresso em couché fosco 150 g/m2 no miolo e capa dura,
nas oficinas da Coan Indústria Gráfica, em maio de 2017.